2000年前から
ローマの哲人は知っていた

幸せに
年を重ねる方法

Ancient Wisdom for the Second Half of Life

キケロ
Cicero

フィリップ・フリーマン編
竹村奈央訳

文響社

はじめに

紀元前45年は、マルクス・トゥッリウス・キケロにとって不幸な年であった。**ローマで雄弁家かつ政治家として名を馳《は》せていた**が、年齢も60歳を過ぎ、孤独だった。30年連れ添った妻と離婚し、ほどなく数回り年下の女性と再婚したが、すぐに別れてしまう。

その年の初めには最愛の娘トゥッリアを亡くしており、これらの出来事のせいでキケロは絶望の淵へと追いやられていた。

その4年前には、ユリウス・カエサルがルビコン川を渡って共和政ローマに内乱を引き起こした。その際、ローマの政治の中心地にあったキケロの屋敷は没収された。

キケロはカエサルを支持することができず、この新しい独裁者と対立し、その後不面目にも恩赦を受け、田舎に所有していた屋敷に引きこもっていたのだった。

その地でキケロは、ローマから遠く離れ、世のなかの役にも立たない自らの思考に浸り続ける1人の老人であった。
しかしキケロは酒に溺れることも、友人の小カトー（マルクス・ポルキウス・カトー・ウティケンシス。曽祖父の大カトーと区別するため、このように呼ばれる）がしたように自殺を図ることもなく、執筆に身を投じた。

青年のころから熱烈なギリシア哲学の徒であった彼にとって、自身がプラトンやアリストテレスなどの偉大な哲学者たちに見出《みいだ》した考えをローマの同胞に説くことで、著述家として名を残すことはたっての願いであった。
キケロは**徳や秩序、神の摂理を重んじるストア派の教義**に当然のごとく傾倒した。それとは対照的に**エピクロス学派**の教義は、彼の目には限定的で堕落したものに映ったのだった。

そのような状況を憂えて、キケロは筆を執《と》ることにした。蟄居《ちっきょ》している期間、早朝から深夜まで執筆にいそしみ、**驚くほど短期間のうちに、政治、倫理学、教育、宗教、友情、義務といったテーマで多数の書物を残した。**

古代の人々も抱いた「老い」への憂い

カエサルが暗殺される紀元前44年3月のアイズの日（15日）の直前、キケロは『**老年について**（**De Senectute**）』と題した、老境をテーマにした短い論文の執筆を始めている。現代でもそうだが、**古代においても人生ははかないものであっただろう。**

しかし、**ギリシア時代やローマ時代に生きる誰もが短命だったと考えるのは間違いである。**

古代人の寿命を計算するのは知っての通り困難であり、小児の死亡率が高かったことは確かだ。だが、成人に達することができれば男女ともに60代、70代やそれ以上まで生きる可能性は十分にあったのだ。

キケロ以前のギリシアの著述家たちは、さまざまな切り口で人生の老年期について書き残した。

ホメロスの描いたネストル王のように、老人というものを、悟りの境地に達した叡《えい》智《ち》の持ち主として理想化したものもあれば、不平を垂れ流すいらだたしい存在として滑稽に描いたものもある。

このテーマを扱った古代の作家としては、**紀元前6世紀ごろの女性詩人サッポー**がおそらく最も際立った存在と言えるだろう。自身の若さが失われたことに対する嘆きを詠《うた》った詩の断片が、最近になって多数発見されている。

……かつて柔らかかった肌が今では皺《しわ》だらけ、
……かつて黒かった髪も今では真っ白。
心は重くなり、かつて小鹿のように軽やかに躍った膝《ひざ》は、
もうわたしを支えられない。
これらのことをいく度嘆いて泣くのだろう。
——だからといって何ができる？
老いから逃れられる人はどこにもいないのだ。

老年は人生最高のひと時になり得る

キケロは老年を甘受するにとどまらず、もっと俯瞰的《ふかんてき》にその全体像を描きたいと考えた。

老いによる限界を認めながらも、**人生の終盤を成長の好機として、よりよく生きた人生の幕を閉じるまで、喜んで迎えるべきもの**ということを論証しようと試みたのである。

本書における架空の会話中の自ら（キケロ）の代弁者としては、前世紀を生きたローマの政治家である大カトー（マルクス・ポルキウス・カトー・ケンソリウス。曾孫の小カトーと区別するため、このように呼ばれる。以後、単に「カトー」と表記する）に白羽の矢を立てた。

実際、キケロはカトーに心酔していた。

年若い2人の友人との束の間の会話のなかでカトーは、賢明な生き方を一心に求める人々に対し、**どうしたら老年が人生で最高のライフステージになり得るか**を語る。

老いに対する多数派の意見――人は年を重ねるとどうしても消極的になり、病気に見舞われ、肉体の悦《よろこ》びを失い、迫りくる死について身のすくむような恐怖を覚えるようになる――を、キケロは次々と論駁《ろんばく》していく。

カトーに話を脱線させて、とりとめのない余談（たとえば長たらしい農業談議）を交えることで自身のような老人を茶化しはするが、それでも**老年期とは恐ろしいものではなく、十分に楽しめる年代だ**と主張している。

老いを楽しむための「10の教訓」

年齢を重ねることに関して綴《つづ》られたキケロの書物には、学ぶべき貴重な教訓が詰まっている。そのうち重要なものをいくつか紹介しよう。

1. よい老年期を迎えるには、若いときから準備する

人生の**晩年を実り多い幸せなものにする資質は、ごく早い段階から養っておくべき**であるとキケロは言う。

節制、生きる知恵、明晰《めいせき》な思考、そして人生で必然的に起こるすべてのことを楽し

む姿勢。これらの習慣が、年を取るにつれてわたしたちの精神を支えてくれるのであり、こういった態度は若いうちに身につけるべきものなのだ。

精神の貧しい者が、年を取ってから若いときよりも幸せになることはない。

2.老年は人生のすばらしい一幕となり得る

自分の内面の力を正しく磨いてゆけば、老後の日々を楽しみの多いものにすることができる。

確かに、不幸せな高齢者は多い。しかし問題を年齢のせいにすることはできない。彼らの欠陥は貧しい精神に由来するものであり、生きてきた年数の結果ではない。

3.人生には、ふさわしい季節がある

人間の一生というものは、若いうちと老いてからとでは、それぞれ別の物事を享受するようにできている。

割り当てられた時間が過ぎてから、なおも若さにしがみつこうとするのは無益である。自然と戦っても勝ち目はない。

4.年長者には、若者に伝えるべきことが数多くある

人生には、経験からしか得られない真の知恵というものがある。

傾聴する意欲のある若者にこれを伝えることは、年齢を重ねた者の喜びであり、また義務でもある。

逆に若者のほうも、年長者に多くのものを差し出すことができる。**活気ある仲間たちとつき合う楽しみ**というのも、その1つだ。

5.年を取っても活動的な毎日を送ることは可能。ただし、限界は受け入れるべし

20代の健康な若者と競走して勝てる80代の老人はいない。

とはいえ、無理のない範囲で体を積極的に動かすことは可能だ。

何かを研究したり書き物をしたり、あるいはコミュニティで知恵や経験を共有するなど、**それほど体力を必要としない活動で老人にできることはいくらでもある。**

6. 精神は鍛えられるべき一種の筋肉である

キケロの設定では、本書の主人公は晩年にギリシア文学を学び、就寝前にその日の出来事を丹念に思い出すことを日課としている。

そうした手法の効果はどうあれ、**頭を使う知的な活動を可能な限りおこなうことは、年を取るほど非常に大事になってくる。**

7. 老人は毅然《きぜん》とした態度を取らなければならない

キケロは言う。「老人は自らの権利をしっかりと守り、誰にも屈服せず、いまわの際まで自分の領分をおさめてこそ尊敬される」

晩年というものは、受動的に生きてよいものではないのだ。

8. セックスはあまりに過大評価されている

老人が肉体の悦びと無縁だとは言わないが、若いころに絶え間なく湧き上がってくる性の情熱は年を取れば薄れるもの。

これもキケロに言わせれば、ありがたいことなのだ。**肉体的な欲求の減退によっ**

て、人生の別の側面を楽しむ余地が生まれる。

それは肉体的な快感などよりもはるかに深く持続的な満足をもたらすものだ。

9.自分の庭を耕そう

キケロは、畑仕事の喜びを称《たた》える文章のところでこの考えを打ち出している。ここからは重要なことが読み取れる。

老後にやりがいのある活動を見つけて心から楽しむことが、幸せな人生には欠かせないのだ。

畑に肥料を与えたり、ブドウのツルを剪定《せんてい》したりするのには夢中になれないかもしれないが、情熱の対象はなんであれ、喜びを持って追求するのがよい。

10.死は恐れるべきものではない

キケロによれば、死は人の生命の終焉《しゅうえん》であるか、または永遠に続く無上の喜びの始まりであるか2つに1つだという。

これが真実かどうかはさておき、キケロの言葉を借りれば、**人生は1本の芝居と似**

ている。名優は舞台を降りるタイミングをわかっているものだ。

長く生き、終わりに近づいているのに必死に生に執着するのは無益であり、愚かなことでもある。


老境について書かれたキケロの著作の読者は、中世から現代に至るまで喜びを享受し、触発されてきた。

フランスの思想家モンテーニュは、本書を読んで逆に年を取ることを喜ばしく感じるようになったと述べた。またアメリカ建国の父ジョン・アダムズは晩年、本書の対《たい》話篇《わへん》を繰り返し読むことを楽しみとしていた。

ベンジャミン・フランクリンは本書に大変な感銘を受けて、1744年にフィラデルフィアで英訳版を出版している。これは**アメリカで出版された古典作品として最初期のもの**となった。

現代では、誰もが取り憑《つ》かれたように若さを保つことに躍起になっている。そんな今の社会にこそ、キケロの叡智が求められている。

目次

第1巻　「老い」とは何か

第2巻 「老い」と向き合う

第3巻 畑仕事の喜び・老年の名誉

第4巻

死は恐れるべきものではない

本書の主な人物相関図

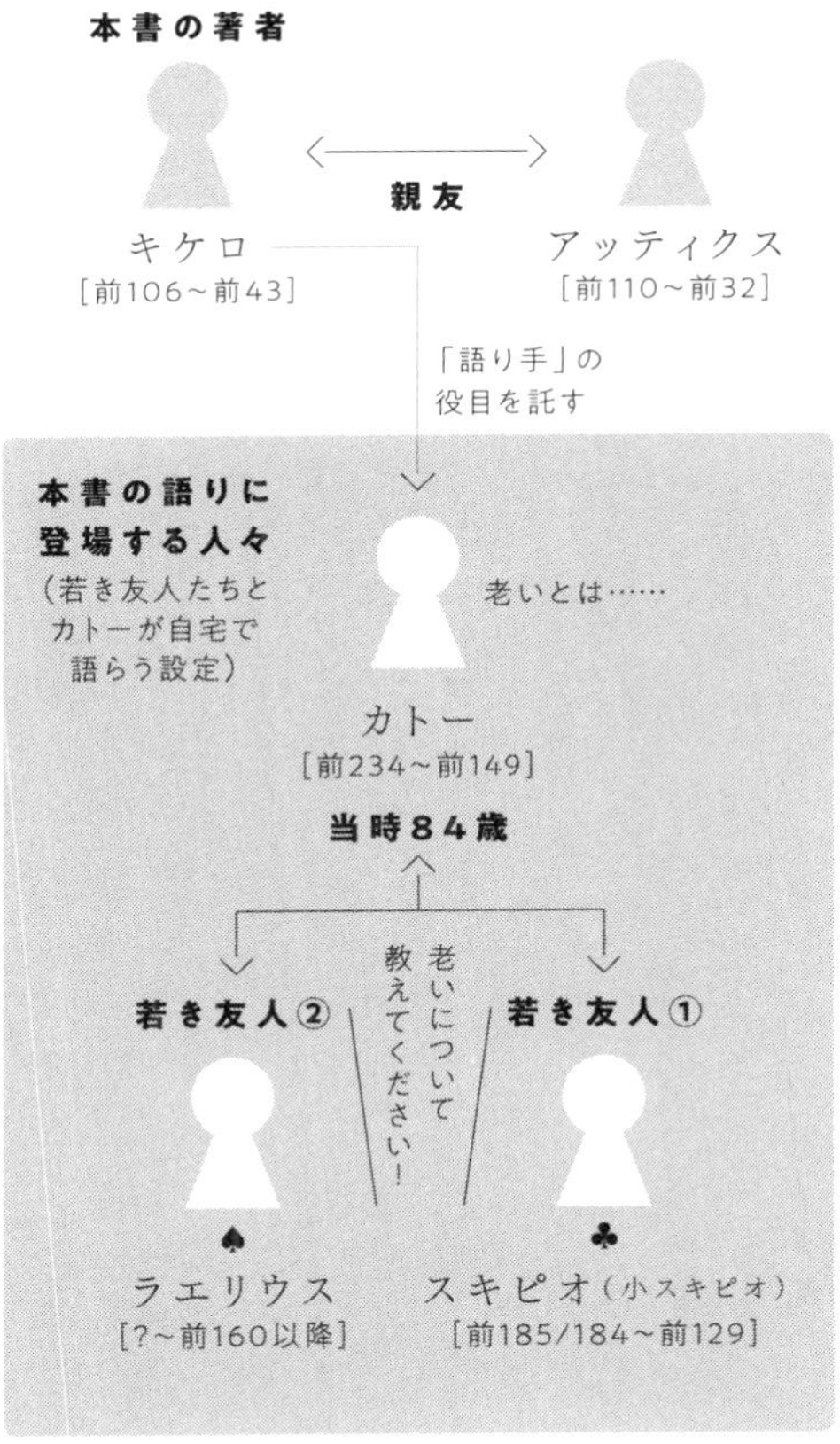

※前=紀元前。
※キケロは『友情について』では、スキピオの死から数日後という
設定でラエリウスを語り手としている。

「老い」とは何か

第1巻

「老い」という重荷を軽くするために──キケロ自身による序文

あぁ、ティトゥスさま、
もしわたくしめがあなたのお役に立ち、
今その胸につかえてあなたを貫き焦がす心痛を
軽くしてさしあげましたなら、
褒美に何をいただけましょう?[1]

というわけで、アッティクス、この詩にのせて同じ名前を持つ君に
話しかけてもよいだろうか?

財産は少ないが、忠義には篤《あつ》いあの男

これが、フラミニヌスに語りかけられた言葉だが、さらに続けよう。

明けても暮れても、ティトゥスさま、
あなたには心の休まるときもない

フラミニヌスと違い、君に限ってこんなことはないはずだが。君が中庸と平常心の男だということはわかっているよ。それはまさに君がアテナイ[2]から異名《いみょう》[3]と一緒に持ち帰ってきた精神だ！君はまた教養と分別も身につけて帰ってきた。そんな君でもやはり、昨今の政界の出来事には気を揉《も》んでいることと思う。わたしは不安で仕方がないよ。

1）キケロはこの節で、紀元前2世紀に活躍した古代ローマの詩人エンニウスがローマの歴史を詠った叙事詩『年代記』を引用している。エンニウスの詩句はローマの将軍フラミニヌスに向けられたもの。フラミニヌス将軍は、紀元前197年にマケドニア王フィリッポス5世と戦った。キケロは、ティトゥス・クィンクティウス・フラミニヌスと、この作品を捧《ささ》げた相手である、友人ティトゥス・ポンポニウス・アッティクスの共通の個人名を書き出しに利用した。
2）ギリシア共和国の首都アテネの古代ギリシア語での名称。
3）キケロの友人は、自らが愛したアテナイの周辺地域であるアッティカ地方からとって、「アッティクス」というコグノーメン（人名の3番目の名）を自分の添え名とした。

しかし今、そんな話に慰めを見出せるとはとても思えないし、これはまた別の機会に論じなくてはならない問題だ。

その代わり、今回は君のために、老いについて何かしら書きたいと思う。この重荷は、すでに我々2人が共有しているか、すぐにのしかかってくるものだ。

そこでわたしは、君だけでなく自分自身のためにも、この重荷を軽くしたいと考えている[4]。

君は年を取っていくことに対して冷静かつ理知的に向き合っていて、これから先ももちろんそうだろうと承知している。

人生の諸事万般に向き合う態度と何も変わりはないわけだね。

それでもやはり、このテーマについて書こうと考えると、君の姿がいつも頭に浮かんできたのだ。

この本が、我々がともに楽しめる、価値ある贈り物になればよいと思う。

実を言えば執筆中はあまりに楽しくて、**書いているうちに年を取ることの短所など忘れてしまい、むしろ心地よく楽しみなものに思えてきた**くらいだ。

知を愛し、知を希求することは、どんなに称揚してもし足りない。なぜならそうした態度で生きれば、どんな年代にあっても思いわずらうことなく、人生を味わい尽くすことができるからだ。

ほかのテーマについてもすでにかなりの量を書いているし、この先も書くつもりでいる。

だが、さっきも言ったように今君に届けようとしているこの本のテーマは、年を重ねることについてだ。

ケオス島のアリストンがこの問題について書いたときはティトノスを語り手にしたが、わたしとしては神話上の人物にそのような大役を

4）本作が書かれたとき、アッティクスは65歳、キケロは62歳だった。

任せるのは違うと思う。[5]
代わりに、**老翁マルクス・カトーに言葉を託した**。そのほうが発言に重みが出ると思ったのだ。

想像したのはこんな場面だ。

ラエリウスとスキピオがカトーの家で、カトーがとても上手に年を取っていると褒めている。[6]

カトーの著作を実際に読んで比較してみて、この本のなかのカトーの受け答えのほうが学識豊かに感じられるとしたら、それは彼が年を取ってから丹念に学んだギリシア文学のおかげと考えてくれたまえ。

さて前置きはもういいだろう。

ここから先はわたしの語り部カトーを通して、老いに対するわたしの考えを君に打ち明けるとしよう。

5）このアリストンとはおそらく紀元前3世紀の、ギリシアのケオス島出身の哲学者であろう。ティトノスは神話上のトロイの王子で、曙《あけぼの》の女神エオスの願いを聞き入れたゼウスによって不死の命を与えられた。ところが永遠の若さは与えられなかったので、老いさらばえ、すっかり萎《しな》びて、干からびた皮膚としわがれ声だけの存在になってしまった。

6）マルクス・ポルキウス・カトー・ケンソリウス（紀元前234～前149年）は厳格なことで知られたローマの政治家、農夫、軍人、著述家で、キケロは彼を非常に尊敬していた。本書の舞台となった年（紀元前150年）、カトーは84歳で、古代ローマ人としては大変な高齢であった。彼の若い仲間の1人は、その4年後に第3次ポエニ戦争でカルタゴを破壊することになるスキピオ・アエミリアヌス、もう1人はキケロの対話篇『友情について』の語り手であるガイウス・ラエリウス。

老いを悲観視する必要がない理由

スキピオ（以下、♣）――マルクス・カトーさま、ラエリウスとわたしとで話をしていると、よく、あなたがいかにすばらしいかという話題になります。

物事全般に対する完全無欠な叡智もすばらしいですが、なんといっても年を重ねることを少しも苦にしておられないように見える、それがすばらしいのです。

たいていのお年寄りは文句が多いのに、あなたはまったくそうではいらっしゃらない。皆、年を取ることはきつい、エトナ山[7]への道のりよりも重い負担だなんておっしゃっていますのに。


――2人とも、さほど難しくもないことでわたしを褒めてくれているようだな。

どんな年ごろにあっても、**恵み豊かで幸せな人生を生きるための術《すべ》を自分の内に持たぬ者は、生きるのが辛《つら》く感じるものだ。**

しかし自分のなかのよきものを探し求める者は、自然の摂理に従ったものであれば、それがどんなものであろうと厄介ごととは思わないだろう。

加齢というのはその最たるものだ。

誰でも長生きしたいと願うが、いざ年老いてみるとたいがい文句を言う。

人というのはときにそれほど愚かで矛盾の多いものなのだよ。

思っていたよりもずっと早く、老いが忍び寄ると人は言う。

しかし、そもそもそのようなお粗末な考え方をしているのは誰だね？ 老いてから年を取るスピードは、子供がいつの間にか若者へと成長するスピードよりも早いものだろうか？

もし80歳ではなく８００歳にまで寿命が延びたなら、老いは人にとってそれほど負担ではなくなるだろうか？

年老いた人々が愚かなままだとすると、人生の残り時間が少なくなっていくことに対して慰めなど何もなかろうというものだ。

7）シチリア島の東岸にある活火山。

どんなに長く生きたとしても過ぎゆく日々を止める術はないのだから。

さて、わたしを知恵者と褒めてくれるなら――その評価と己の名に恥じぬようにありたいものだが[8]――今から言うような意味ならば、確かにそうかもしれないとも思える。

つまりわたしは、自然を至高の導き手としており、神に従順であるように自然にも逆らうことがないのだ。

自然は人生という劇場での場面《シーン》をすべて精妙に演出するのだから、出来の悪い脚本家でもあるまいし、最後の一幕だけがおざなりということはなかろう。

終幕はどうしたって訪れるものだ。木々や大地の実りと同じで、いつか必ず萎《しお》れて落ちる日がくる。

賢明な者はこのことを理解し、潔く受け入れる。**自然と争うのは、神々に対する巨人の反乱のごとく無意味**なのだよ。[9]

問題が起こるのは「老い」のせい？

ラエリウス（以下、♠）――それはそうなのでしょうが、カトーさま。ただわたしたちは

――スキピオの分まで請け合いますが、あなたに折り入ってお願いしたいことがあるのです。

わたしたちは2人とも十分に長生きした上で、いつの日か老いを迎えたいと願っています。

ですから、来《きた》るべきそのときの重みに対して、どうしたら最も理にかなった身の処し方ができるのか、今のうちに教えていただけないでしょうか？

ラエリウス、君が本当に聞きたいと言うのなら喜んで話そう。

♠――ぜひお聞きしたいです。あまりにご面倒でなければ、ですが。

あなたはすでに、わたしたちがこれからたどるはずの道のりをはるか先まで行っておられます。

8）キケロのほかの著作（『友情について』など）に見られる、カトーの「サピエンス（賢人）」という評判、もしくはカトーという名前と「catus（賢い）」を結びつける通説的な語源に言及したもの。
9）ギリシア神話には、巨人族がオリンポスの神々に反乱を起こして敗れたという話が出てくる。

だからこそ、その道行きとはいったいどんなものなのか、お聞かせいただけないでしょうか？

それでは、できるだけやってみるとするか。

わたしと同年輩の者が愚痴をこぼすのをよく耳にする。まさに「類は友を呼ぶ」と昔から言う通りだ。

なかでもガイウス・サリナトルとスプリウス・アルビヌスはほぼ同年代で、かつては執政官までつとめた男たちだが、「年を取って性の悦びがすっかり消え失《う》せてしまった」などと始終こぼしておった。

少なくともあの者たちは、色恋なくしてなんの人生かと言うのだよ。[10]

ほかにも、以前は気にかけてくれていた人々からないがしろにされているとも言っておった。

だが思うに、彼らの非難は見当違いだ。**もし老化が真の問題ならば、わたしやほかの老人たちも皆、同じ憂き目に遭っている**だろう。

しかし、不平不満を少しもこぼさずに年を重ねている人をわたしはたくさん知っている。こうした人たちは情欲に縛られた状態を恋しいとも思わないし、友人や知人から軽く扱われてもいない。

もう一度繰り返すが、こうした**不平不満を生む原因は何かと言えば、それは当人の人格なのであって、年齢ではない。**

道理をわきまえた穏やかで品のある老人は、年を取ることともうまくつき合うことができる。

意地汚く怒りっぽい人間は、一生のどの時期にあっても幸せではあるまい。

「富」があれば「老後」は楽なもの？

♠——確かに。それは間違いないですね、カトーさま。

ですが、いかがでしょう、なかにはこんなふうに言う者もいるかもしれません。

あなたには莫大《ばくだい》な財産と高い地位、つまりほとんど誰も手にできないような強

10）サリナトルとアルビヌスは、2人ともカトー自身が執政官をつとめた数年後に執政官となった。

みがある、だから年を取ることがそのように快適なのだと。

それも、ある程度までは本当なのだ、ラエリウスよ。だが、それは物事の一面しか見ていない。

ほら、知っているだろう、テミストクレスとあのセリフォス島出身の男の話だ。[11]

あるとき2人は口論となった。

そして、セリフォス島の男がテミストクレスに向かって、あなたは自分自身の手柄ではなく、ひとえに祖国の栄光のおかげで有名なのだと言った。

「ああ、いかにもその通り」と、テミストクレスは切り返した。

「わたしがセリフォス島に生まれていたら、あるいは君がアテナイ人だったとしても、とてもじゃないが有名になることはなかっただろうね」

これと同じことが老年についても言える。たとえ賢人であっても、貧困にあえいでいれば老年は軽い負担ではない。

しかし**当人が愚かなのでは、巨万の富をもってしても年を取ることは楽にはならな**

いだろう。

心やすらかに老年を過ごす方法

いいかね、スキピオ、ラエリウス。**老年には老年なりの、自分を守る術がある。**

それは何かと言えば、**誠実でまともな生活を続ける**ことだ。

人生を通じてこのような態度で生活を積み重ねていけば、年を取ってから大きな収穫が得られるだろう。

それは人生の最後の最後まで驚くべき成果をもたらすという点で、この話の肝心な部分ではあるのだが——その上さらに、**自分はよく生きてきた、自分には善行の幸せな思い出がたくさんあると知れば、満ち足りた気持ちになるだろう。**

11）テミストクレスは、紀元前480年にサラミスの海戦でアテナイがペルシア艦隊に勝利したときの指導者。セリフォス島はエーゲ海に浮かぶ小さな島。

老いてなお際立った存在感を放った人物

若いころ、わたしはクィントゥス・ファビウス・マクシムスが好きだった。タレントゥムを奪還した人で、向こうは老人、こちらはほんの若造なのに、まるで同い年のように親しみを感じた。[12]

気さくなところのある人格者で、年を取ってもその人柄は変わっていなかった。知り合ったばかりのころ、彼はまだ老齢というほどではなかったが、それでもかなりの年齢ではあった。彼が初めて執政官となったのが、わたしの生まれた翌年だ。そして彼の4度目の執政官在任中、わたしは若い兵士で、ともにカプアへ、その5年後にはタレントゥムへと進軍した。

さらにその4年後、トゥディタヌスとケテグスが執政官のとき、わたしは財務官になった。

マクシムスはちょうどこの年に、贈答品と謝礼金について定めたキンキウス法を[13]支持し、演説をおこなっていたのだ。もうそのころには相当な年齢だったはずだが。

年老いていても、彼は壮年さながらに戦争を遂行した。そして、血気にはやる若きハンニバルを粘り強くじわじわと追い詰めた。
わたしの友人エンニウスはあの方のことを実にうまく詠っている。

ひとりの男が、遷延をもって祖国を救った。
ローマの安寧より己の名を重んじることをよしとせず、
そのために今、彼の栄光はいよいよ燦然《さんぜん》と光り輝く。

タレントゥムを奪還するときに見せた、あの油断のなさと見事な手腕はどうだ！
わたしもその場で聞いていたのだが、サリナトル（かつて街を制圧され、砦《とりで》へと敗走したローマの司令官）が、誇らしげにこう言ったことがある。

12）クィントゥス・ファビウス・マクシムスは第2次ポエニ戦争中の紀元前209年に南イタリアのタレントゥムを奪還した。用心深く効果的な作戦を展開してハンニバルを破ったが、遷延者として批判する者もいた。紀元前203年に亡くなるまでに、執政官を5回、独裁官を2回つとめている。
13）キンキウス法（紀元前204年）では、依頼人による弁護料の支払いを含め、裁判の経過に干渉するような贈品を禁止した。

「クィントゥス・ファビウスよ、タレントゥムを奪還できたのはわたしのおかげだな」と。

するとファビウス将軍は笑いながら答えた。

「まったくだ。そもそも君が手放していなければ、わたしが奪い返すこともなかっただろうから」[14]

若者を魅了した偉大な「姿勢」と「知性」とは

ファビウスは軍事に長《た》けていただけでなく、政治家としても際立っていた。

彼の2度目の執政官在任中、護民官のガイウス・フラミニウスは元老院の明確な意向に反して、ピケナムとガリアの土地を民衆に分配しようとしていた。

もう1人の執政官スプリウス・カルウィリウスはだんまりを決め込んでいたが、ファビウスは、フラミニウスの試みを阻止しようと全力を尽くしたのだ。[15]

それに、鳥卜官《ちょうぼくかん》の任にあたっていたときの発言がまた大胆だ。

いわく、**国家の益になることなら何にせよ吉兆があらわれるのであり、国家の害と**

なることなら吉兆に背いているのだと。[16]

わたし個人の意見として、この点ははっきり言える。あの方には多くの称賛すべき美質があったが、なんといってもご令息の死に耐えておられる様子、あれ以上に感銘を受けたことはなかった。執政官までつとめた高名な息子を亡くしたのだ。葬儀での彼の弔辞を一読すれば、どんな哲学者とてかなうまいと感じる。

しかしファビウスは、市民の目のある公の場で立派だっただけではない。自宅という公務を離れた場所でも、その知性はなおいっそう輝いていた。彼の談話や教訓的助言、歴史的知見、鳥卜の法則における専門性、何もかもが驚異的だった！

14）キケロによる誤り。タレントゥムを奪われたのは実際にはマルクス・リウィウス・サリナトルではなく、その親戚のマルクス・リウィウス・マカトゥスである。
15）フラミニウスは、北イタリアの公地にローマ市民を定住させようとしていた。
16）古代ギリシアと古代ローマではいずれも占い（鳥の観察に基づく予言）によって、自分たちの行動が神意にかなうかどうかを決定した。ローマでは、終身で任命された鳥卜官の団体が制度を運営していた。

ローマ人としては大変な博学で、我が国だけでなく他国間の戦争についても精通していた。

わたしは当時、彼の話を夢中になって聞いた。まるでその後に起きることを予見していたかのようにね。

彼がこの世を去ってしまったら、もう教えを請《こ》う相手はどこにもいないような気がしていたのだよ。はたしてこの予見は当たっていた。

老境は「惨め」なものではない

わたしがファビウス・マクシムスのことをこんなに長々と語ったのはなぜか？

それは、彼が送ったような**老境を惨めだなどと言うのは大きな間違いだ**ということをわかってほしかったからだ。

もちろん、誰もがスキピオ翁[17]やファビウスになれるわけではないし、制圧した街や、陸戦や海戦、自らが指揮した戦争、手に入れた勝利について華々しく語れるわけではない。

だが**老境にはまた別の姿がある。静かに、そして清廉潔白に送った人生の、平和で**

穏やかな幕引きだ。

プラトン[18]の晩年がまさにそうだ。81歳で亡くなるその日までそれまでと変わらずに書き続けていた。

イソクラテス[19]もそうだな。『パナテナイクス』を書いたときには94歳になっていたと、本人が書き残している。驚くべきことに、それからさらに5年を生きたのだ！

イソクラテスの師、レオンティノイの人ゴルギアス[20]は、休まずに研究と仕事を続けて107歳の誕生日を迎えた。

「そんなにも長生きしたいのはなぜですか？」と聞かれれば、「老人であることに文句を言う理由がないからだ」と答えた。

学究の徒にふさわしい、高潔な答えではないか。

17）プブリウス・コルネリウス・スキピオ・アフリカヌスはザマの戦いでハンニバルを破り（紀元前202年）、第2次ポエニ戦争を終結させた。大スキピオとも呼ばれる。
18）ソクラテスの弟子で、古代における最も有名で影響力のある哲学者の1人（紀元前427～前347年）。
19）アテナイの雄弁家、修辞学教師（紀元前436～前338年）。
20）シチリア島出身のギリシア人で、弁論術・修辞学教師（紀元前485～前380年）。

物事を「年齢のせい」にするのは愚かなこと

愚かな人々は、自分の失敗や短所を年齢のせいにする。

エンニウスのことがついさっき話に出たが、彼には少しもそんなところがなかった。何しろ老人としての自分を、勇ましい優勝馬になぞらえているくらいだ。

オリンピアのレースでいく度も勝利に輝いた勇猛なる駿馬《しゅんめ》が、
今や年老いて弱り、その身を休めているかのように。

エンニウスのことははっきりと覚えているだろうね。彼が亡くなってから、現職の執政官ティトゥス・フラミニヌスとマニウス・アキリウスが選ばれるまで19年しか経《た》っていない。

彼が亡くなった年の執政官は、カエピオとフィリップス（後者は2度目の任期）だった。当時わたしは65歳で、ウォコニウス法[21]を通過させんがために、肺臓の力を振り絞り、声高らかに演説をしたものだ。

エンニウスは70歳で、人生最大の重荷といわれる2つのものに苦しんでいた。

それは貧乏と高齢だ。しかし彼はその二重苦とまことにうまくつき合っていたので、楽しんでいるのかと思われるほどだった。

人が「老い」を恐れる「4つの理由」

老境について考えてみると、なぜ人が老いをそんなにも惨めだと思うのか、4つの理由に思い当たる。

第1に、活動的な生活を送れなくなる。
第2に、体が弱くなる。
第3に、肉体的快楽が薄れてしまう。
第4に、死期の迫りを意味する。

21）女性の相続を制限した法律で、紀元前169年に可決された。

よければ、これらの理由を1つずつ見ていって、それらが本当かどうか吟味してみようじゃないか。

「老い」と向き合う

第2巻

「老い」が悲観視される4つの理由

――その1　活動的な生活を送れなくなる

老人は経験を積んで「老成」し、皆に「知恵」を授ける

まず、年を取ると活動的な生活ができなくなるという意見について考えてみよう。活動と言うが、どんな種類の活動のことを言っているのか？ まさか若くて丈夫なときにする類《たぐい》のことではあるまい？ **たとえ肉体が衰えても、老人の精神に適した活動は必ずあるものだ。**先ほど例に出したクィントゥス・マクシムスには重要な仕事がなかっただろうか？ それにスキピオ、君のお父上であり、まことにあっぱれな我が息子の岳父でもあるルキウス・パウルスはどうかな？[22] ファブリキウス、クリウス、そしてコルンカニウスといった男たちの晩年はどうだろうか[23]？

22) ルキウス・アエミリウス・パウルスは、紀元前168年にピュドナの戦いでマケドニアを破った。
23) ガイウス・ファブリキウス・ルスキヌス（紀元前282年と前278年の執政官）は高潔な人格者として知られた。マニウス・クリウス・デンタトゥスは、執政官を4期つとめ、紀元前290年に第3次サムニウム戦争を終結させた。ティベリウス・コルンカニウスはエトルリア人を制圧し、紀元前280年に執政官をつとめた。

祖国を守るために**知恵と影響力を行使**していたときの彼らは、何もしていなかったのかい？

アッピウス・クラウディウスが元老院で話をしたとき、彼は高齢で、しかも盲目だった。そのとき元老院は、ピュロス王の和平提案の受け入れを表明していた。[24]しかし彼はためらうことなく意見を述べた。エンニウスが後にそれを詩に詠っているように。

かつて揺るぎなく健全だったそなたたちの精神は、
狂気に駆られ、いったいどこへ向かっておるのか？

そのほかにも深い余韻を与えてくれる表現が数多く出てくる。この詩は君たちも知っているはずだし、アッピウスの実際の演説も残っている。

彼がこの演説をおこなったのは執政官に再び選ばれた17年後のことだ。だが、最初の任期から2度目までは10年空いているし、執政官になる前には監察官もつとめているから、ピュロス王との戦争時にはかなりの高齢だったことになる。

それでも、事実この通りの話が先人たちによって書き残されているのだ。

「知恵」「人格」「判断力」は重ねた年月の賜物《たまもの》

老人にできる有用な活動はないなどとのたまう者は、自分が何を言っているのかわかっていないのだ。

たとえば、そうだな、船の上でほかの船員たちがマストに登ったりタラップを駆けずり回ったり、船底の溜《たま》り水をくみ上げたりしているとしよう。

そんななか、舵《かじ》を握ったまま船尾にじっと座っている操舵手《そうだしゅ》は、船の操縦に役立つことは何もしていないと言うようなものだ。

なるほど、操舵手は若い船員と同じことをしてはいないだろう。しかし彼の仕事は、はるかに重要で価値が高いのだ。

それは体力でもスピードや敏捷《びんしょう》さでもなく、**知恵と人格、そして冷静な判断力のな**

24）アッピウス・クラウディウス・カエクスは紀元前307年と前296年の執政官。エピルスの王ピュロスは、紀元前280年のローマ軍打倒に加勢した。

せる業《わざ》なのだよ。**こうした美質は老年に欠けているどころか、実際は長く生きるうちに培われるものだ。**

わたしはこれまでの人生で、下士官、副将、将軍、そして執政官のときには総司令官として軍務に就いた。今はもう戦地へ赴くことはないから、ことによると君たちはわたしが無為に過ごしているのではないかと思うだろう。実際はそうではない。どの戦争をどのように戦うべきかについてわたしが意見を言えば、元老院はそれを取り入れる。

今現在も、わたしは先を見越してカルタゴとの戦争の計画を練っているのだ。あの街が跡形もなく滅びたとわかるまで、わたしが警戒を解くことはないだろう。[25]

老年は蓄積した力を最大限に発揮する時期

スキピオ、君のお祖父さまが道半ばで残していった事業を完成させるという名誉を、不死の神々が君に取っておいてくださるように祈っているよ。

あの不世出の大物が帰らぬ人となって33年が経つが、その名声の記憶は年を追うごとに鮮烈になっていくだろう。

あの方が亡くなったのはわたしが監察官になる1年前、執政官をつとめてから9年後のことだったが、わたしが執政官だったその年に、彼自身、翌年の執政官として2期目で選出されている。

もしお祖父さまが100歳まで生きたとしたなら、ご自分の老齢を無念に思われただろうか？

そうは思わなかったはずだ。

走ったり跳んだり、槍《やり》投げや剣の練習をしたりして過ごす日々ではなかっただろう。だがその代わりに、**自分の知識と智略《ちりゃく》、判断力を最大限に発揮**していただろう。

もし官職として仕える老人にこれらの資質が備わっていなかったなら、先人たちが我が国の最高諮問機関を「元老院」と名づけたはずがない。[26]

25）カトーは、元老院での演説中に、カルタゴは殲滅《せんめつ》されるべしと繰り返し訴えたことで有名。

26）元老院（senatus）は、もともと指導的立場の「senes（老人、長老）」の集まりだった。

スパルタ人の社会でも同様に、最も重要な官職にある者は「長老」と、まさしく実状のままに呼ばれているのだ。

外国の歴史を繙《ひもと》くか聞き習うかすれば、**偉大な国家が若者の仕業で転覆し、老人によって救われ再建されている**ことがわかるだろう。

ナエウィウスの戯曲『ルードゥス（遊び）』にもこんな台詞《せりふ》がある。[27]

教えてくれ、
なんだっておまえたちは、
立派な国をこれほどあっけなく失ってしまったのか？

そして、登場人物たちが答えて言う最も意味深長なひと言がこれだ。

新手の雄弁家が出てきたからさ。愚かな青二才どもよ。

いかにも、**跳ねっ返りは若さの所産、思慮分別は老熟の賜物だ。**

年を重ねても「記憶や知性」はなくならない

年を経るごとに、記憶力は衰えていくと言う者もいるだろう。もちろん鍛錬を怠るか、元来が鈍いのであればそうなる。

テミストクレスは、アテナイの市民全員の名前を空《そら》で言えた。その彼が、年老いてからアリスティデスに「リュシマコス」と呼びかけたりしたと思うかね？[28]

わたしにしたって、今生きている人たちだけでなく、その父親や祖父たちのことも覚えているよ。

墓碑銘を読むと記憶を失うなどという迷信があるが、わたしは平気だ。むしろ死者の記憶が鮮やかに蘇《よみがえ》る思いで読んでいる。

それに、自分の財産をどこに隠したか忘れてしまった人の話など、ついぞ聞いたことがない！

27）ナエウィウスは紀元前3世紀の人物で、ラテン語を用いた最初期の劇作家の1人。
28）アリスティデスはテミストクレスの仇敵《きゅうてき》で、リュシマコスの息子。

法廷へ出頭する日にちであれ金の貸し借りの相手であれ、関心のあることなら年寄りは覚えているものだ。

それに高齢の法律家や神官、鳥卜官、哲学者についてはどうかな？

彼らの博覧強記ぶりときたら！

学びたいという熱意を失わず、ひたむきに努力を続ける限り、人は年老いても健やかな知性を保てるのだ。

これは公的な立場にある者だけでなく、民間人として静かな生活を送っている者にとっても同じことだ。

明晰な頭脳を「証明」した「老人」

ソフォクレス[29]は年を取ってからも長年、悲劇を書き続けた。

劇作に没頭するあまり、まわりからは家庭の経済状況を顧《かえり》みていないと思われ、息子たちは父親を出廷させた。

陪審にかけて、知的能力の減退を理由に家長権を剥奪しようとしたのだ。我々の社会と同じくギリシアでも、家長の家庭運営がうまくいっていないときにはこの種の法的措置が認められている。

するとこの老人は、法廷で自作の詩『コロノスのオイディプス』を朗読したという。それは書き上げたばかりの作品で、推敲《すいこう》もまだ済んでいなかったそうだ。

そして読み終わると問いかけた。

「これが頭の足りない者の作だと思うか」

この朗読を聞いた陪審員は彼に無罪を言い渡した。

ソフォクレスの場合、老齢が原因で天職を手放すということにならなかったのは明らかだ。

ホメロスやヘシオドス、シモニデス、ステシコロスも同じだ。先ほど触れた2人の男、イソクラテスとゴルギアスも然《しか》り。

いうまでもなくピタゴラスにデモクリトス、プラトン、クセノクラテスといった哲

29）紀元前5世紀のアテナイの著名な悲劇詩人。

学の巨人たちもそうだし、彼らの後継者であるゼノンやクレアンテスもそうだ。それにストア派のディオゲネス、この人には君たちもローマで会ったことがあるはずだ。[30]

彼らは皆、**命ある限り自分の仕事を熱心に追求した**のではなかったか？

老いを「嘆く人」と「楽しむ人」の違い

このような桁違いの偉人や偉業は脇に置くとしても、わたしはサビニの田舎出身の老農たちというよい例を知っている。

彼らは我が隣人であり、友人でもある。

種まき、収穫、穀物の貯蔵といった大がかりな作業の時期は、彼らはまあ、ほぼ畑に出ずっぱりだ。

とはいえ、農夫の働きだけがとりたてて目立つわけではない。実際、**どんなに年を取っても、自分は来年まで生きていないだろうとは誰も考えない。**

しかし農夫の仕事には、自分が生きているあいだに完成を見届けられないと知りながおこなうものもある。
カエキリウス・スタティウスが[31]『若き仲間たち』で言った通りだ。

　彼は後に続く世代のために木を植える。

誰のために木を植えているのかとたずねたなら、どんなに高齢でも農夫ならばこう答えるだろう。
「永遠なる神々のためです。神々によって、わたしは先祖からこれらのものを受け継いだだけではなく、子孫にも伝えていくようにと定められたのです」

30）シモニデス（紀元前6～前5世紀）、抒情《じょじょう》詩《し》人《じん》。ステシコロス（紀元前6世紀前半）、抒情詩人。ピタゴラス（紀元前6世紀後半）、数学者、哲学者。デモクリトス（紀元前5～前4世紀）、原子論を大成した哲学者。クセノクラテス（紀元前4世紀）、哲学者。ゼノン（紀元前5世紀）、哲学者。クレアンテス（紀元前331～前232年ごろ）、哲学者。バビロニアのディオゲネス（紀元前240～前152年）、紀元前156～前155年にローマを訪れた哲学者。ホメロスとヘシオドスについては、101ページ／脚注70、プラトンについては、39ページ／脚注18参照のこと。

31）紀元前2世紀のローマの喜劇作家。

先ほど、未来の世代のために備えをする老人についてカエキリウスが書いたものを見たが、カエキリウスはこんな厭世的《えんせいてき》な言葉も残している。

実際、老境というものは、
これといってなんの災いにも見舞われていなくとも、
年を取っているというだけでもうたくさんだ。
——人は長く生きることで
何かと見たくないものを見るのだから。

そうはいっても、**長く生きていれば、見たいと思うものだってたくさん見ることができるではないか！**

いずれにせよ、若者だって見なければよかったと思うようなことを、人生では山ほど目にするものだ。

さらにカエキリウスは次のような心情も吐露しているのだが、こちらはさらに面白くない。

若者から見たら
自分は退屈なのではないかと感じることが、
　老年の最大の不幸だと思う。

おいおい、ちっともそんなことはないぞ！

年寄りはお荷物などではなく、つき合っていて楽しい存在にもなり得る。**賢明な老人は、心根のよい若者と一緒に楽しく過ごし、敬意と親愛の情を受け取ることで、自らの老境までもが軽やかになったように感じるものだ。**

若者のほうもまた、徳に近づくにはどうしたらよいか老人から知恵を授けられ、それが喜びとなる。

若き友よ、わたしは君たちと一緒にいると楽しい。同じくらい君たちも、楽しんでくれていいるといいのだがね。

「学ぶ姿勢」を常に持ち続けよ

それはともかく、老人はのろまで弱々しいどころか、その人が若いころにしたように常に何かに熱中することで、いかに活動的になり得るかはわかるだろう。

さらに、**新たに何かを身につけようとする姿勢を失ってはいけない。**

老年に入ってから毎日何かしら新しいことを学んだと、ソロン[32]も詩のなかで自画自賛しているだろう。

わたしもやはり同じことをした。年を取ってからギリシア語を独学したのだ。まるで長年の渇きを癒そうとするかのように勉強に夢中になった。ついでながら、今この会話で次々と実例を挙げることができているのはそのおかげだ。

そういえばソクラテスは、年を取ってから竪琴《たてごと》を弾けるようになったらしい。昔の人が好んだあの楽器だ。

わたしもそうできたらよかったのだが。ともあれ文学には精力的に打ち込んだ。

32）アテナイの政治家、立法家（紀元前638～前558年ごろ）。

「老い」が悲観視される4つの理由

——その2　体が弱くなる

自分の「体力」を適切に行使せよ

わたしにはもはや、若いときの体力など望むべくもない。

若いときだって、雄牛や象のような強さがほしいとは思わなかった、それと同じことだ。

年齢にかかわらず、持ち合わせている体力を適切に使えばよいのだ。

何が哀れといって、クロトンのミロン[33]の話ほど哀れを誘うものがあろうか。

年老いたミロンはある日、若い運動選手が競技場でトレーニングするのを眺めていた。そして自分の筋肉をしげしげと見つめ、涙を流して言ったそうだ。

「俺の筋肉はもうだめだ」

たわけ者め、だめなのは自分自身のほうだろうが！

有名になったのは自分自身ではなく、脇腹や腕の筋力のおかげというのだから。

昔で言えばセクストゥス・アエリウス、ティベリウス・コルンカニウス、時代が下ってプブリウス・クラッススらの晩年は、これとはまったく違うものだった[34]。法律の分野で人々の指導にあたり、呼吸が止まるそのときまで法の専門家であり続けたのだ。

「若者の教育」は最も名誉ある仕事

大勢の前で演説をする者に関しては、年を取ると説得力が薄れるのではあるまいかと懸念してはいるのだよ。

弁論の手腕は、知性だけではなくて肺活量や体力にも左右されるからな。

しかし、年を重ねることで、さらに朗々と、耳に心地よい声になる場合も多い。

わたし自身はまだこの資質を失ってはいないが、年齢はご存じの通り。

33）紀元前6世紀に活躍した有名なレスリング選手。古代オリンピックで6度の優勝を成し遂げた。

34）セクストゥス・アエリウス・パエトゥス（紀元前198年の執政官）は、古代ローマの十二表法を解説した。プブリウス・リキニウス・クラッスス・ディウェスは、紀元前205年の執政官。ティベリウス・コルンカニウスについては45ページ／脚注23参照。

中年を過ぎたら穏やかで抑制のきいた話し方がしっくりくるし、年配者が落ち着いた品のある声で話すと、さらに聞きやすいということはよくある。

たとえもう上手に話せないとしても、それでもまだ君たち——スキピオやラエリウスの指導にあたることができるのだ！

実際、若者の熱気に囲まれて過ごす老年以上に楽しいことなど何があろうか？

異論はないと思うが、老人にだって若い人たちを教え、人生で背負う数々の義務に対して覚悟ができるよう、指導する体力くらいは残っているわけだ。

若者を教育する。これほど名誉な、責任ある仕事などほかにはない。

「雄弁さ」は何にも勝る資質となる

スキピオよ、わたしはつくづく思うのだが、君の2人のお祖父さま、ルキウス・アエミリウスとプブリウス・アフリカヌスは、いつも大勢の立派な若者に取り囲まれてこの上なく幸運だった。グナエウスとプブリウス・スキピオの兄弟も同様だ。[35]

それに、人々に進歩的な教育を施す者が不幸だとはどうしても思えない。たとえ体は年のせいで衰えていてもだ。

身体的な強さを失《な》くすのは、年を取ったことよりもむしろ、若いときの行きすぎた行為が原因であることのほうが多い。

淫蕩《いんとう》で自堕落な青年時代を送ると、ボロボロの体で老年を迎えることになる。

クセノフォンによれば、老いたキュロス大王は死の床で、若いころと比べて、晩年に活力の減退を感じたことはないと明言したそうだ。[36]

それと、わたしはまだ子供だったが、その当時のルキウス・メテルスのことを覚えている。

35）ルキウス・アエミリウス・パウルスはローマの執政官・将軍で、紀元前216年にカンネーの戦いで死亡。グナエウス・コルネリウス・スキピオ・カルウスと弟プブリウス・コルネリウス・スキピオは2人ともローマの将軍で、スペインにてカルタゴ軍に敗れ戦死した（紀元前211年）。プブリウス・アフリカヌスについては39ページ／脚注17参照。

36）キュロス大王（紀元前6世紀）はペルシア帝国の創始者。クセノフォンは、彼の死因は老衰だったと述べているが（『キュロスの教育』第8巻7章）、スキタイ人との戦いで死亡したことを示す説もある。

彼は2度目の執政官就任から4年後に大神官になって、22年ものあいだその職についていた。[37]

大変な高齢にもかかわらず、亡くなる直前までとても精力的で、自分が若さを失ったなどとは感じていないようだった。

この点に関してはわたし自身のことを持ち出すまでもないだろう。もっともわたしみたいな年寄りは、自慢話でもなんでも好きにしゃべればよいのだが。

ホメロスの作品を読むとわかると思うが、ネストルはしょっちゅう自分の立派な点を公言しているだろう？[38]

彼はその時点で3世代にわたる人々を見てきているわけだが、自分自身に関して本当のことを話すのに、饒舌《じょうぜつ》が過ぎるとか、自惚《うぬぼ》れが強いとか思われたら困るなどとは考えなかった。

ホメロスがこう書いているくらいだからね。

蜜よりも甘い、人を陶酔させる言葉が、彼の口からよどみなくあふれ出た。[39]

この言葉はネストルが強靱《きょうじん》な肉体を持つゆえに出てきたわけでは、もちろんない。ギリシアの総帥アガメムノンは、アイアスのような男ではなく、ネストルのような男を10人味方にほしいと祈った。[40]

そうすれば、トロイをたちまち陥落させられるはずと固く信じていたのだ。

人生の段階に合った、「分相応」の活動にいそしむべし

わたし自身の話に戻ろう。

わたしは今84歳だが、キュロス大王ほど自信満々ではないのが残念だ。

とはいえこのくらいは言ってもよかろう。

37）ルキウス・カエキリウス・メテルスは紀元前251年と前247年の執政官。
38）ホメロスの作品によると、老人ネストルはピュロスの王で、ギリシア軍の総帥としてトロイを攻めたアガメムノンのよき相談相手であった。
39）『イリアス』第1歌249より。
40）ギリシア神話において、半神半人のアキレスの死後は、アイアスがギリシア軍最強の戦士であった。

ポエニ戦争に下士官として、その後同じ戦争に財務官として参加したとき、また執政官としてスペインでの戦争を指揮したとき、あるいはその4年後、執政官マニウス・グラブリオの指揮下、将校としてテルモピュライでの軍事行動に参加したとき。[41]

さすがにあのころのようなエネルギーはわたしにはもうない。

それでも、君たちの目にも明らかだろうが、わたしは老齢のせいで気力を失くしたり、打ちひしがれたりはしていない。

元老院も民会も、友人も従者たちも客人も、かつてあった気力がわたしに欠けているとも思っておらん。

「老いて後、永らえたければ早く老人になることだ」という昔の諺《ことわざ》がもてはやされているが、わたしは信じないね。

個人的には、**あまりに早くに老け込んでしまうくらいなら、老人でいる時間は短くてよい。**

そういうわけでわたしは面会を申し込まれたら、相手が誰であろうと一度も断ったことがないのだよ。

君たち2人のような体力がわたしにないのは事実だ。

しかしそれを言うなら、君たちにだって百人隊長ティトゥス・ポンティウス[42]のような体力はないだろう。

だからといって、ポンティウスのほうが優れた人間だということになるかい？

体力がどうであれ、**皆が自分に見合った活動に携わり、力をうまく使えるように精進すればよい**のだ。そうすれば自分が力不足だなどとは感じないだろう。

ミロンは牛を肩に担いで、オリンピア競技場の端から端まで歩いたという。

しかし、もし与えられるなら、ミロンの体力とピタゴラスの知力、どちらがよいだろうか？

要するに、**肉体的な強さという恩恵は、それがあるうちは存分に活《い》かせばよいが、失ってしまったからといって嘆かないことだ。**

41) カトーは紀元前191年に、セレウコス朝の王アンティオコス3世による侵略を食い止めるため執政官のマニウス・アキリウス・グラブリオとともにギリシアへ遣わされた。同年、彼らはテルモピュライ峠でアンティオコスを破った。この峠はそれより300年前に、スパルタ人がペルシアの侵略軍と対峙《たいじ》した場所である。

42) カトーの時代の兵士。力の強さで名を馳せたが、それ以外のことは知られていない。

少年時代の終わりを若者が、去りゆく青年時代を壮年が嘆くべきではないのと同じことだ。

人生の道のりは変えることができない。

自然の道はたった1本で、歩くのは一度きりだ。

人生の各段階には、それぞれふさわしい属性がある——**少年のはかなさ、青年の大胆さ、中年の本気、**そして**老年の成熟。**これは、しかるべき季節に収穫してやらねばならない果実なのだ。

身体、そして「精神の手入れ」を怠るな

スキピオよ、君の祖父御《おおじご》の友人で、遠征先の宿主でもあったマシニッサ[43]の噂《うわさ》はときおり耳にするのではないかと思うが、あの人は今90歳だな。

マシニッサはいったん徒歩で出かけたら、けっして途中で馬に乗ることはない。

そして馬に乗って出発したら、やはり途中で降りることはない。雨が降っても寒くても、頭を覆ったりしない。

今でもすべての国務や会合を自分でこなすくらい、すこぶる調子がよい。

年老いても**本来の身体の調子をある程度保持するためには、運動と自己管理がいかに大切か**がこのことからもわかる。

ところで、年を取ると身体が弱ってくるというのが事実だとして、それのどこが問題なのだろう？

いずれにせよ、**誰も老人に肉体的強靭さなど期待してはいない。**

だからこそ我々の年代の者は、法制上も慣習上も、体力のいる公的義務を免除されているではないか。

老人にはできない仕事、いや、できる仕事ですら強いてやることはないと、そう思われておるのだ。

確かに病弱で一般的な業務もこなせない老人は多いし、実際、生きるのに必要なこ

43）ヌミディアの王（？～紀元前148年）。第2次ポエニ戦争ではローマに協力してカルタゴと敵対した。

とが何もできない老人だっている。
しかしながらこれは、高齢によるものではなく、病弱な人全般に見られる特徴だ。

ほらスキピオ、君の養父である、プブリウス・アフリカヌスの息子は病気がちだっただろう。[44]

あの人は健康に恵まれなかった。というより、健康とはまったく無縁だった。

もしそうでなかったなら、我が国第2の光となっていたことだろう。何しろ父親譲りの勇敢さに加え、大変な学識の持ち主だったのだから。

そういうわけで、**若者ですら虚弱体質はいかんともし難いのに、老人が肉体の強さを欠いていたとてなんの不思議があろうか？**

ラエリウス、そしてスキピオよ。老いとは戦わなければならん。

がたついてきた箇所を日々の手入れで補い、弱い部分は病気の手当てをするようにして、面倒を見てやらねばならんのだ。

そのためには、**健康的な生活を計画し、実践すること**が重要だ。

適度な運動と、体に負担をかけない、回復に十分なだけの食事をすること。**体をいたわるのも大事だが、それ以上に頭脳と精神には手をかけてやることだ。**油を注《つ》ぎ足さなければランプの火がぼやけてきてしまうように、新しいものを補充しなければ次第に鈍くなってしまうものだからだ。それに、体を動かすとくたびれるかもしれないが、精神が活発だと知性はより鋭敏になる。

劇作家のカエキリウスが「喜劇に出てくる愚かな年寄り」と書くときの年寄りとは、騙《だま》されやすく、忘れっぽく、怠惰な性格の老人を指しているにすぎない。これは老人全般ではなく、ぼんやりと、不精に、惰性的に過ごすことを自分に許してきた人間の特徴というものだ。

無茶をしたり欲望に負けたりするのは、老人ではなく若者にありがちだが、とはい

44) この会話の聞き手であるスキピオは、高名なプブリウス・コルネリウス・スキピオ・アフリカヌスの息子であるプブリウス・コルネリウス・スキピオの養子となった。

え全員ではなく未熟な性格の者だけに見られる。

だから、**いわゆる「老いぼれ」と呼ばれる耄碌《もうろく》した状態というのは、老人全員ではなく、気迫のない、意志薄弱な者だけに見られる**姿なのだ。

「身体の老い」と「精神の老い」は比例しない

アッピウス・クラウディウスは老いて盲目だったが、4人の強健な息子と5人の娘、大勢の使用人、そしてたくさんの従者からなる一家を率いていた。

彼は老いに負けることなく、精神を弓のようにピンと張り続けた。こと細かに指示するようなことはなかったが、使用人を含め皆をまとめていた。奴隷からは恐れられ、子供からは敬われ、皆から慕われていたのだ。家中には、先祖代々の伝統と規律が息づいていた。

老人は自分の身のまわりの安全を確保し、権利をしっかりと守り、誰にも屈服せず、いまわの際まで自分の領分をおさめてこそ尊敬されるということだ。

どこか老成した感じのある若者には一目《いちもく》置きたくなるように、若いころの持ち味をどことなく残している老人に対しても拍手を送りたくなる。

そのような人物は、体は年を取るかもしれないが、精神はけっして老いないのだ。

物事に打ち込んでいれば「老い」は静かにやってくる

わたしは今『起源論』[45]の7巻目を執筆中で、有名な事件を扱った自分の弁論を編集しながら、我が国の古い歴史の記録を集めているところだ。

卜占《ぼくせん》の原理、神官制度、民事法について子細に調べている。

さらに、ギリシア文学の勉強にも多くの時間を割いている。

記憶力を鍛えるために、ピタゴラス派の習慣に倣《なら》って、その日に自分が言ったこと、聞いたこと、したことを毎晩思い起こすようにしている。

45）ローマの建国から紀元前2世紀までの歴史書。現存しない。

これはわたしにとって**知性の鍛錬**であり**精神の競技**なのだ。

こうした作業に精を出してはいるが、以前のような体力があったらよかったのにとは、さほど思わない。

さらには友人知人に法律面の助言もするし、元老院の会議には頻繁に出席して議題を提案し、熟慮を重ねた上で自分の意見を述べる。


以上のことはすべて、体力ではなく精神力をもっておこなっている。

たとえこれらの仕事が手に余るようになっても、読書用の長椅子に寝そべって、もはや自分には過重となった活動について思索にふけることはできるだろう。

もっとも、こうしたことが可能であるのは、私自身の活気ある生活のおかげだ。

というのも、**研究や仕事に一生をかけて打ち込んでいる人というのは、忍び寄る老いに気がつかない**からだ。その代わり**いつの間にか、苦もなく、すべり込むようにして終わりのときを迎える。**

その様子は、急激に老いに打ちのめされるのではなく、長いあいだ燃え続けていた火がふっと消えるのに似ている。

世界累計160万部の大人気シリーズ

1日１ページ、毎日5分ずつ知識を身につける、大人の学び直しにぴったりな
大人気シリーズ。曜日ごとに分野が変わるので飽きずに毎日続きます。
定番「世界」シリーズも、新刊「日本の教養」も、知的好奇心を刺激すること間違いなし！

1日1ページ、読むだけで身につく世界の教養365

著：デイヴィッド・S・キダー＆ノア・D・オッペンハイム
翻訳：小林朋則

定価（本体2,380円＋税） | ISBN978-4-86651-055-2

1日1ページ、読むだけで身につく日本の教養365

監修：齋藤孝

定価（本体2,480円＋税） | ISBN978-4-86651-210-5

1日1ページ、読むだけで身につく世界の教養365【人物編】

著：デイヴィッド・S・キダー＆ノア・D・オッペンハイム
翻訳：パリジェン聖絵

定価（本体2,380円＋税）
ISBN978-4-86651-125-2

1日1ページ、読むだけで身につく世界の教養365【現代編】

著：デイヴィッド・S・キダー＆ノア・D・オッペンハイム
翻訳：小林朋則

定価（本体2,380円＋税）
ISBN978-4-86651-144-3

1日1ページ、読むだけで身につくからだの教養365

著：デイヴィッド・S・キダー＆ノア・D・オッペンハイム＆ブルース・K・ヤング医学博士
翻訳：久原孝俊

定価（本体2,380円＋税）
ISBN978-4-86651-166-5

漫画
バビロン大富豪の教え

28万部突破!

原著:ジョージ・S・クレイソン
漫画:坂野旭
脚本:大橋弘祐

世界的ベストセラー!100年読み継がれるお金の名著が、待望の漫画化!オリエンタルラジオ中田敦彦さんも大絶賛!

定価(本体1,620円+税) ISBN978-4-86651-124-5

日本縮約版

「死」とは何か

イェール大学で23年連続の人気講義

27万部突破!

著:シェリー・ケーガン 翻訳:柴田裕之

余命宣告をされた学生が、"命をかけて"受けたいと願った伝説の講義が、ついに日本上陸!「死」という難しいテーマについて、理性的かつ明快に説いた一冊。世界最高峰の「死の授業」をお楽しみください。

定価(本体1,850円+税) ISBN978-4-86651-077-4

完全翻訳版

定価(本体2,850円+税)
ISBN978-4-86651-128-3

+1cm

たった1cmの差が あなたの世界をがらりと変える

10万部突破!

著:キム ウンジュ　翻訳:簗田順子
イラスト:ヤン・ヒョンジョン

「変わりたい」そんな人の背中を優しく押してくれる、クリエイティブな言葉の魔法。

定価(本体1,430円+税) ISBN978-4-905073-35-2

泣ける！刺さる！シリーズ史上、最大の反響、口コミ続々！

ガネーシャと死神
夢をかなえるゾウ4
水野敬也
文響社
自分、今の生き方やったら
死ぬときめっちゃ後悔するで。
余命3か月を宣告された平凡な会社員。
愛する家族のために選ぶのは「夢のかなえ方」か「夢の手放し方」か——。
累計400万部のベストセラー最新刊！

夢をかなえるゾウ4

ガネーシャと死神

著：水野敬也

シリーズ **430万部** 突破！

定価（本体1,580円＋税）
ISBN978-4-86651-240-2

「**泣きながら学べる本**」の完成。普段は読書なんかしないけど、**この本がやばいことはわかる。学校の教科書にすべき。**（30代・女性）

「夢は手段であり、目的は幸せになること」「**夢をかなえても幸せになるとは限らない**」すてきな言葉がたくさん詰まってた、あれこれと考える時期に出合えてよかった。（40代・女性）

心にしみた～！ビックリするくらい泣いた！もったいなくて、1週間かけて読みました。いまから「死ぬまでにやりたいことリスト」作ります！ありがとうガネーシャ、死神！映像化希望！（20代・男性）

400万部の秘密
タダで教えたるで
ご自由にお持ち帰りください
¥0

爆笑小冊子
期間限定公開中！

文庫版も大ブレイク中!! 次ページへ

「老い」が悲観視される4つの理由

――その3　肉体的快楽が薄れてしまう

肉体的快楽は最も致命的な「災い」のもと

さあ、今度は年を取りたくない3番目の理由、肉体的な快楽が薄れてしまうことについて考えてみよう。

しかし、もしこれが本当なら、年を取ることで若いときの最も破滅的な弱みから解放されるという、まことに輝かしい贈り物ではないか。

いいかい、誰より気高き若者たち。あの名だたる英傑、タレントゥムのアルキタス[46]がずっと昔に残した談話を聞いてほしい。

わたしはクィントゥス・マクシムス率いる軍の一兵卒としてちょうどその街に駐留していて、何度もこの話を耳にした。

アルキタスいわく、**人間が自然から与えられた最も致命的な災いのもとは肉体的快楽である。**

そのせいで抑え難い闇雲な欲望が、満足を求めて湧き上がってくる。

それが元凶となって、敵と手を結び陰謀を企んだり、国家への背信行為をおこなったりする。さらには、政治体制の転覆といった事件が起こるのだ。

「老い」こそが「災いに至る欲望」を取り去ってくれる

実際、情欲に駆られた人間というのは、いかなる邪悪な行い、不実な行為に走ってもおかしくはない。

野放しの色欲は男たちを強姦《ごうかん》や不倫、そのほかあらゆる性的暴行に駆り立てる。**知性は、自然あるいは何かの神が人間に与えたもうた最高の贈り物**だが、この神聖な資質にとって、**むき出しの情欲は最も手ごわい敵**となる。

情欲に溺れた状態にあっては自制心の働く余地はなく、放縦《ほうじゅう》の王国では礼節を知りようがないのだ。

アルキタスは話をわかりやすくするために続けてこう言った。

46）アルキタスはピタゴラス学派の哲学者、数学者、天文学者で、紀元前4世紀前半に活躍した。プラトンの友人でもあった。

「考え得る限りの激しい肉体的快感に浸っている人間を想像してみなさい。理性や合理性をもってものを考えられる状態でないことは、火を見るより明らかだろう。肉体的快楽ほど忌まわしい、致命的なものはないというのはそのためだ。あまりに深く、長いあいだそうした快楽に溺れていると、人間の魂は無明の闇へと追いやられてしまう」

これはローマの忠実な友であり、タレントゥム滞在中にわたしをもてなしてくれたネアルコスから聞いたのだが、伝承によれば、アルキタスは今の話をサムニウム人[47]のガイウス・ポンティウスに語ったらしい。

この人物は、カウディウムの戦いで執政官のスプリウス・ポストゥミウスとティトゥス・ウェトゥリウスを破った[48]人物の父親にあたる。

ネアルコスが言うには、アテナイのプラトンもその場に居合わせてアルキタスが話すのを聞いていたそうだ。

実際このことを調べてみたら、プラトンは、ルキウス・カミルスとアッピウス・クラウディウスが執政官の年に確かにタレントゥムを訪れているのだ。[49]

さて、こうしてアルキタスの言葉を紹介したのはなぜか？

それは、淫らな欲望に負けないだけの理性と知恵を持たぬ以上、**人を過ちへと駆り立てる渇望を老いが取り去ってくれる、**そのことに感謝すべきだとわかってほしいからだ。

こうした**劣情は判断を曇らせ、理性と反目し合っている。**

まさしく「**精神の目**」が潰れ、よく生きる可能性が失われてしまう。

あれは嫌な仕事だった。ルキウス・フラミニヌスという、その7年前に執政官だった男を元老院から追放しなければならなかったのだ。[50]

この男は、非常に優秀なあのティトゥス・フラミニヌスの兄弟だ。

しかし彼の恥ずべき情欲に対しては、ああするしかないと思った。

47）イタリア南部のサムニウム地方に居住。戦士を多数抱え、独立した民族として生活していたが、紀元前291年、第3次サムニウム戦争で敗れてローマに同化した。
48）紀元前321年の出来事。ローマ人にとって屈辱的な敗北であった。
49）プラトンはこのとき（紀元前349年）80歳に近かったので、これは事実かどうかわからない。
50）紀元前184年、カトーがルキウス・ヴァレリウス・フラックスとともに監察官だったときの出来事。

なんとこの男は、執政官としてガウルにいたとき宴席で娼婦《しょうふ》に乞《こ》われ、死刑に相当する罪で拘束されていたある者を処刑してしまったのだ。兄のほうはわたしのすぐ前の監察官で、その在任中にはルキウスはこの件についての処罰を免《まぬが》れていた。

しかしフラックスとわたしはこれほどの破廉恥な熱情を見て見ぬふりはできなかった。なんといっても、一般市民相手の不祥事によってローマの名誉が汚されたのだ。

「快楽からの解放」により得られるもの

長老たちがよくこんなことを言っていた。

その長老たちも子供のころにやはり老人から聞いたそうなのだが、ガイウス・ファブリキウスは、テッサリアのキネアスの話を聞いて仰天したという[51]（ファブリキウスはそのころピュロス王の元へ派遣されていた）。

キネアスが語った話とは、賢人を自称するアテナイ人[52]がいて、あらゆる行動は得られる快楽の大きさで判断すべきであると主張している、というものだった。

さて、マニウス・クリウスとティベリウス・コルンカニウスは、ファブリキウスからこれを聞いて、こう言ったらしい。

「サムニウム人たちもピュロス王も、このアテナイ人の説を鵜呑《うの》みにしてくれないものだろうか。**快楽に身をゆだねてしまうような連中なら制圧するのも訳がない**だろうから」と。

マニウス・クリウスといえば、この人物はプブリウス・デキウスのよき友人であった。デキウスは4度目の執政官在任中（そしてクリウス自身が執政官となる5年前）、祖国のために自分の命を捧げた。[53]

ファブリキウスとコルンカニウスもやはりデキウスをよく知っていた。

この男たちの人生、とりわけデキウスが最後に取った行動には、彼らの信念があら

51）アテナイの弁論家デモステネスの弟子であったキネアスは、ピュロス王（47ページ／脚注24参照）に任ぜられ、ローマとの交渉にあたった。ファブリキウス、および続く部分に登場するクリウス、コルンカニウスについては、45ページ／脚注23参照。

52）哲学者エピクロス（紀元前341～前270年）のこと。

53）プブリウス・デキウス・ムスは、センティヌムの戦いでローマ軍を勝利に導き、戦死した（紀元前295年）。

われている。

人生における確かな目標とは、おのずから美しく崇高であり、何かの手段としてではなく、それ自体の価値のために求められるべきであるという固い信念だ。

真っ当な人間であれば誰しもそうした目的を追求し、自堕落な生き方は卑しむべきものとして拒否するのが当然と彼らは考えていた。

なぜ快楽のことばかりしつこく言うのかって？

それは、年を取ると肉体的快楽への欲望をほとんど感じなくなるという事実は、非難を受けるようなことでないばかりか、本当は絶賛されてもいいくらいだからだ。

老人は、派手な宴会や山盛りの食卓、後から後から注ぎ足される酒杯とも縁がない。しかしそのおかげで**酩酊《めいてい》状態や胃もたれや、徹夜仕事とも無縁**なのだ！

だが快楽に対していくらか譲歩が必要だとすれば、その誘惑は抗《あらが》い難いものではあるので——「**悪の釣り餌**」とプラトンが呼んだのは実に秀逸で、[54] 人間は魚のごとくその網にかかってしまう——宴会で羽目をはずすことはないにしても、節度をもって夕餉《ゆうげ》を楽しむことはあっていいように思う。

わたしが子供のころ、ガイウス・ドゥイリウス翁、この人はマルクスの息子で、我が国に海軍が創設されてから初めてカルタゴを破った人物だが、彼が宵の宴から歩いて帰るのをよく見かけた。[55]

家までのわずかな道のりを、いつも好んで松明《たいまつ》持ちと笛吹きにお供させていた。公人でもないのにこのようなふるまいをする者はそれ以前にはいなかったが、輝かしい名声のおかげで彼にはそれが許されていたのだ。

「人との語らい」から得られる純粋な喜び

ところで、わたしはなんでまた他人のことばかり語っているのか？

54）プラトンの対話篇『ティマイオス』69d。
55）ドゥイリウスは第1次ポエニ戦争中、シチリア島・ミュラエ沖の海戦でカルタゴ軍を撃退した（紀元前260年）。

自分の話に戻るとしよう。

まず言っておくと、わたしにはいつも信徒の会の仲間がいた。大地母神とその聖地イデ山を祀《まつ》る信徒の会がローマにできたのは、わたしが財務官だったときのことだ。[56]

わたしは定期的に、会の仲間たちと控えめな流儀で夕食をともにした。といっても当時は若者らしくやや熱狂的ではあったが、まあそれもしばらくすると落ち着いた。しかしそのときでさえわたしにとって魅力だったのは、**美食の快楽よりも友と会って語り合う喜び**のほうだった。

我々の祖先は、**友人と食事すること**を「**ともに生きる**（convivium：コンウィウィウム）」と呼んだ。なぜなら、それが**社交の本質**を表す言葉だからだ。

これはギリシア語の「ともに飲む」とか「ともに食べる」という言い方よりも、こうした集まりをずっと豊かに表現している。

ギリシア語のほうは、この行為の最も価値ある部分ではなく、一番些末《さまつ》な部分を強調しているわけだ。[57]

わたしは人と話すのが大好きだから、個人的には日中早い時間に始める正餐会《せいさんかい》もまた楽しい。

こうした集まりでは自分と同年輩の者——もうほとんど残っていないが——だけでなく、君たち2人や、君たちの若い仲間とも話をする。**わたしは老年に深く感謝しているのだ。飲み食いしたい欲が減る一方で、会話の喜びが増したのだからね。**

しかしわたしよりさらに高齢の友人が食事や酒を楽しむのであれば、そのときは、こう言っておこう。

56）小アジアのイデ山近くに狂信的信者集団の拠点があった東方の女神キュベレーは、カトーが財務官のときにローマにもたらされた（紀元前204年）。

57）キケロはここで「synposion（英語の「シンポジウム」という言葉の語源）」と、「syndeipnon」というギリシア語を訳している。

老人にはその種の喜びが乏しいとする根拠をわたしは知らない。

だが誤解を招かぬようひと言だけ言っておきたい。

わたしが快楽そのものを否定しているように思われては困る。ある程度の快楽は本来あって当然なのだから――。

先祖伝来の慣習でとてもいいと感じるのは、人が集まる場で、宴会の音頭を取る者が指名されて上席につき、酒が運ばれてきたらその人から会話を始めるという習わしだな。

クセノフォンの『饗宴《きょうえん》』に描かれているような、滴々と注がれる小さな杯もわたしは好きだ。

夏には涼み、冬には日なたや炉端で暖を取りながらの宴会もいい。

田舎の、素朴なサビニ人の酒食の席にもわたしはしょっちゅう顔を出す。

自宅では近所の人たちと集まって毎日のように食卓を囲み、できるだけ長いこと、夜になるまであらゆる話題について語り合うのだ。

郵便はがき

料金受取人払郵便

芝局承認

5701

差出有効期間
2022年10月
31日まで
(切手は不要です)

105-8790

216

東京都港区虎ノ門2-2-5
共同通信会館9F

株式会社 文響社 行

フリガナ	
お名前	
ご住所 〒 都道府県 区町市郡	
建物名・部屋番号など	
電話番号	Eメール
年齢 才	性別 □男 □女
ご職業(ご選択下さい) 1. 学生〔小学・中学・高校・大学(院)・専門学校〕 2. 会社員・公務員 3. 会社役員 4. 自営業 5. 主婦 6. 無職 7. その他( )	
ご購入作品名	

より良い作品づくりのために皆さまのご意見を参考にさせていただいております。
ご協力よろしくお願いします。

A. 本書を最初に何でお知りになりましたか。

1. 新聞・雑誌の紹介記事(新聞・雑誌名　　　　　) 2. 書店で実物を見て　3. 人にすすめられて
4. インターネットで見て　5. 著者ブログで見て　6. その他(　　　　　　　　)

B. お買い求めになった動機をお聞かせください。(いくつでも可)

1. 著者の作品が好きだから　2. タイトルが良かったから　3. 表紙が良かったので
4. 内容が面白そうだったから　5. 帯のコメントにひかれて　6. その他(　　　　　　　　)

C. 本書をお読みになってのご意見・ご感想をお聞かせください。

D. 本書をお読みになって、
良くなかった点、こうしたらもっと良くなるのにという点をお聞かせください。

E. 著者に期待する今後の作品テーマは?

F. ご感想・ご意見を広告やホームページ、
本の宣伝・広告等に使わせていただいてもよろしいですか?

1. 実名で可　2. 匿名で可　3. 不可

ご協力ありがとうございました。

肉体的欲望を失うことは「不幸」か？

しかしやはり老人というものは、若者に比べると五感への刺激に対して鈍感だと指摘する向きもあるだろう。その指摘は当たっている。

だが、老人はそれを恋しく思うこともないのであり、**欲求がなければ、悩みの種になることもない**わけだ。

ソフォクレスなどは、「今でも性の営みを楽しんでいるんですか？」と高齢になってから聞かれて、見事な返答をしている。

「なんだって、まさか！」

そしてこう言ったそうだ。

「あの冷酷で凶暴な主人からは、おかげさまで逃げおおせたよ」[58]

性の刺激がほしくてたまらない人にとっては、それが手に入らないというのはきっ

58）プラトン『国家』329c。

と厄介で、いらだたしい問題なのだろうね。

ところが性を満喫して、その方面の欲望をすっかり満たしてしまえば、もはやそうした欲望はあるよりもないほうがいいわけだ。

ほしがらなければ、それがなくて困ることもない。だからわたしは欲望の欠如はまことに結構と言っておるのだ。


その上で、若者が老人よりも肉体の快楽を謳歌《おうか》していると仮定した場合、2つのことをはっきりさせておく必要がある。

第1に、すでに述べたことだが、**この種の快楽というものは取るに足らないものだ**ということ。

第2に、**年を取るとこれらの快楽をたっぷり味わうことはないが、だからといってまったく事欠くわけでもない**ということだ。

たとえば、アンビウィウス・トゥルピオ[59]の舞台は、遠くから観るよりは近くで観たほうが楽しめただろう。

けれども後ろのほうの観客もやはり芝居を堪能したのだ。

それと同じで、若者は老人よりは性の楽しみをふんだんに味わうかもしれないが、老人はそうした快楽を一歩引いたところから眺め、存分に味わうことができるのだよ。

すべてに勝る「至上の喜び」とは

なんとすばらしいことではないか！

魂は――色欲や野望や、争い、口論といった激しい感情にさんざん身悶《みもだ》えした挙句――ついにこうした闘争を終えて、いわば魂そのもののなかで生きるために、もといた場所へ帰ることができるのだから。

人生において、知識と学習を深めることに没頭してゆっくりと過ごす老後は、何物にも代え難い喜びだ。

59）劇作家テレンスの喜劇作品を手がけた、紀元前２世紀の役者、演出家。

スキピオ、君の父上の友人ガイウス・ガルスは[60]、天上、地上のすべてと言ってもいいくらい、ありとあらゆるものを計測していた。前の晩に取りかかった図面と格闘している彼を、朝の太陽が何度驚かせただろう。そして明け方から始めた作業に取り組んでいる彼を、夜が何度追い越していっただろう。

これから起こる日食や月食について語る彼の嬉《うれ》しそうな様子ときたら！

そこまで複雑ではないがけっして簡単でもない、そんな仕事に夢中で取り組んだ人々のことも忘れるまい。『ポエニ戦争』を執筆中のナエウィウス、『トルクレントゥス』や『ほら吹き兵士』を執筆中のプラウトゥスが感じた喜びはいかばかりだろうか。[61]

わたし自身、高齢のリウィウス・アンドロニクスに会ったことがある。[62]彼はわたしが生まれる6年前、ケントとトゥディタヌスが執政官の年に[63]劇作を一作発表したが、わたしが若いころはまだ健在だった。

宗教法、民事法の分野で活躍したプブリウス・リキニウス・クラッススの例を改めて持ち出す必要はあるまい。プブリウス・スキピオのこともいいだろう。ついこのあいだ大神官に選ばれたばかりだ。[64]

ただわたしは、これらの男たちが老いてなお自分の天職に情熱を傾けるのを現に見てきた。

マルクス・ケテグスもそうだな。エンニウスが彼を「骨の髄まで雄弁家」と評したのは言い得て妙だ。[65]彼はもうかなりの年だったが、ほとばしる情熱をもって弁舌を振るう姿をこの目で見ている。

60）紀元前166年の執政官。
61）ナエウィウスについては、51ページ／脚注27参照。プラウトゥス（紀元前3世紀～前2世紀初め）は最初期のローマの劇作家で、大きな成功をおさめた。
62）リウィウス・アンドロニクス（紀元前280～前200年ごろ）はギリシア人解放奴隷で、ホメロスの『オデュッセイア』をラテン語に翻訳し、ローマ演劇に影響を与えた。
63）ガイウス・クラウディウス・ケントとマルクス・センプロニウス・トゥディタヌスは紀元前240年の執政官。
64）プブリウス・リキニウス・クラッススについては、61ページ／脚注34参照。プブリウス・コルネリウス・スキピオ・ナシカ・コルクルムは紀元前162年と前155年の執政官で、養子縁組によってこの会話の聞き手のスキピオとは従兄弟となった。
65）ケテグスは紀元前204年の執政官。エンニウスについては21ページ／脚注1参照。

こうした人たちが味わった楽しみと、宴会や狩りや売春宿の楽しみが、比較になるとはよもや誰も思うまい。

彼らには**学ぶことに対する情熱**があった。この情熱は、**思慮深く教養ある者の内部で年月が過ぎるほどに高まっていく**ものだ。

だからソロン[66]の詩からわたしが引いた、「年を取るほど日々ますます多くのことを学んだ」という言葉は本当なのだ。

精神の喜びに勝る喜びなどあり得ないということだろう。

66）58ページ／脚注32参照。

畑仕事の喜び・老年の名誉

第3巻

ここまでで、キケロはカトーの口を借り、人々が老いを悲観する4つの理由のうち、3つについて持論を展開し読者を鼓舞してきた。

第1に、活動的な生活を送れなくなる。
第2に、体が弱くなる。
第3に、肉体的快楽が薄れてしまう。
第4に、死期の迫りを意味する。

以下の部分では第4の理由に移る前に、人生の楽しみとして挙げられる「何かを育てる喜び」「老年だからこそ得られる名誉」について具体的に語られている。

「畑仕事」の喜び

何かを「育てる」という最高の楽しみ

快楽について語るにあたって、畑仕事についても聞いてほしい。わたし個人としてはこれがとてつもない喜びなのだ。**何かを育てる楽しさは、年を取っても少しも減じない**上に、これこそ賢人の暮らしにうってつけだとわたしには思える。**野良仕事の喜びというのは、大地に金を預けているようなもの**だ。けっして出し渋ることなく引き出しに応じ、利子をつけていつでも元金を返してくれる。低利のときもあるが、たいてい気前よく高利がつく。

わたしにとって楽しみなのは、畑で採れる作物だけではない。大地そのものが持つ力と性質が面白いのだ。

種をまけば、大地は準備の整った柔らかな内部にそれを受け入れ、しばらく「隠しておく」。

語源をたどってみると、「隠しておく」を意味するラテン語の「occaecatum（隠すこと)」から、「occatio(耕す)」という言葉が生まれた。[67]

大地に抱かれ、湿った熱に温められた**種**は、次第に生き生きとした緑の**葉**を広げ、伸ばす。

そして、地中のひげ根に支えられて育ち、生長すると節のある**茎**となってすらりと立ち上がる。

葉鞘《ようしょう》の内側では青年期を迎え、ついに太陽のもとへ**穂**が飛び出す。穂は整然と列をなし、トゲを備えて小鳥のくちばしから身を守っている。

ブドウの栽培については、下準備、土作り、生育と、話したいことはたくさんあるが、ここではやめておく。

しかしこれだけは言っておきたい。ブドウの世話をしていると、まさに若返るような気分になる。

これこそがわたしの老境の楽しみなのだ。本当にどれだけやっても飽きない。

67) occatio(「鋤《すき》で耕す、土を起こす」)の語源は、実際にはocca(「くわ」)である。

いったいどういう理屈で果物や植物のあんな小さな種から、太く力強い幹や枝が育つというのか。イチジクやブドウなどは、本当にとても小さな種なのだ。

今ここで、大地から生まれ育つあらゆるものが持つ力について話す余裕はないが、取り木や挿し木、根分けといった作業を観察してみれば、誰しも驚嘆の思いに打たれるのではないだろうか？

ブドウの枝は放っておくと地面へ垂れ下がる。ところが支柱を添えてやると、手のように巻きひげを空へと伸ばすのだ。

好き放題にねじれ、曲がろうとするツルは剪定してやらないと、木の幹へ巻きついたり、茂りすぎたりしてしまう。

残しておいたブドウの小枝は、春になると節という節につぼみを膨らませ、やがて順番に丸々としたブドウの実をつける。

実は初めは渋いけれども、大地の湿り気と日光の熱を受けて熟し、甘くなる。

葉に覆われることで適温が保たれ、太陽の焼けつくような日差しから守られているのだ。

味わって陶然とし、眺めて楽しめる。まったく、こんな結構なものがほかにあるだろうか？

だがわたしは、ただ単にブドウの実用性が気に入っているのではなく、さっきも言ったように、栽培の作業と、ブドウそのものの習性を面白く感じているのだよ。考えてみてごらん、支柱の配列、枝の固定、ツルの誘引、それに剪定。伸ばす枝を残して後は切る、あの作業だ。

灌漑《かんがい》、掘割や、地味の肥えた耕地を作る土起こしの作業には今は触れなくてよかろう。肥やしがいかに優れたものか説明する必要もあるまい。畑仕事のことを書いたわたしの本にすべて記してある。[68]

68）カトーの著書『農業論』は現存し、古代の農業だけでなくローマ人の生活の様子を垣間見る《かいまみる》ことができ、非常に興味深い。

「畑仕事」がもたらす「心の平安」

あの博識なヘシオドスでさえ、農業の書物[69]を著しておきながら施肥についてはひと言も触れていない。

しかしホメロスはヘシオドスより何世代も前の人だったかと思うが、オデュッセウスの父ラエルテスが、**土地を耕し肥料を撒**《ま》**くことで**息子不在の**悲しみを紛らわした**と記している。[70]

農夫にとっては、畑、牧草地、ブドウ園、森林、庭や果樹園、牛の放牧場、ハチの群れや色とりどりの花もまた楽しみだ。種まきもいいが、接ぎ木、これがまた面白い。何しろ農作業のなかでも一番工夫のいる作業なのだ。

農業の魅力についてはまだまだ話し足りないのだが、すでにしゃべりすぎた。もう少し続くかもしれないが、どうか堪忍しておくれ。田舎暮らしに夢中になりすぎて我を忘れてしまうのだよ。

それに年寄りというのは、とかくおしゃべりなものだ。

いや、老人の短所をなんでもかんでも正当化したいわけではないのだが……。

マニウス・クリウス[71]は、サムニウム人、サビニ人、ピュロス王との戦いに勝利した後、畑仕事にいそしんで余生を過ごしたという。

彼の田舎の別荘はうちの別荘からそう遠くないので、しみじみ眺めてみるのだが、クリウスの質朴さ、それにあの時代の規律正しい精神のすばらしさはとても言い尽くせない。

その昔、彼が炉端に座っているところへ、サムニウム人が大きな黄金の贈り物を

69）ヘシオドスの著書『労働と日々』。
70）現代では、ギリシアの詩人ホメロスとヘシオドスをほぼ同時代（紀元前700年頃）の人と考える研究者が大半であろう。ラエルテスに関しては、ホメロスの著作のなかにブドウ園で植木のまわりを掘り返していたとあるだけで（『オデュッセイア』第24歌227）、肥料を使用していたという記述はない。
71）45ページ／脚注23参照。

持ってやって来たという。

しかし彼はそれを受け取らずに、こう言ったそうだ。

「**黄金を手に入れたところで大して偉くはない。それよりも、黄金を持つ人々を統治することのほうが名誉であろう**」

これほどの偉大な魂を持った男ならば、老年に大いなる幸せを見出したに違いない。

「農家生活」の豊かさと満足感

脱線ばかりでもいけないので、農夫の話に戻ろう。

昔は、元老院議員（つまり、長老たち）は、とりもなおさず農夫だった。ルキウス・クィンクティウス・キンキナトゥス[72]が独裁官に任ぜられて呼び出されたとき、畑を耕していたという逸話が事実であればの話だが。

そのキンキナトゥスの命令で、ガイウス・セルウィリウス・アハラという騎兵長官は、王位に就こうとしたかどでスプリウス・マエリウスを捕らえ、処刑したのだ。

クリウスに限らず、長老たちはローマから遠く離れた農園内の家屋にいるところを元老院に招集されていった。

彼らを呼びに遣わされた伝令が「旅人（viatores）」と呼ばれたのはそのためだ。

農作業を楽しみとするこうした男たちは、年を取ってからもきっと不幸ではなかっただろうと思うが、どうだね？

個人的には、**農夫の暮らしこそ最高の幸せ**のように思える。

自分の働きが人類全体の役に立つからというだけでなく、さっき言ったような喜びも感じられるし、神々の礼拝に必要な供物や、人間の滋養となるあらゆるものに豊かに恵まれるためでもある。

世のなかには物質的なものへの関心がことのほか高い人たちがいるものだ。

それを思えば、ここで豊かさについて語ることによって、わたしも物質面の恩寵《おんちょう》へとふたたび歩み寄ればよいと思う。

72）ルキウス・クィンクティウス・キンキナトゥスは、紀元前458年にアエクイ人を撃退するため、そして紀元前439年にはスプリウスがローマで違法に権力を得るのを阻止するために、緊急かつ一時的に独裁官として権力を与えられていたといわれる。騎兵長官とは、ローマの独裁官の副官。

なんといっても先々を考えて懸命に働く農夫の家には、いつでも酒や油や食糧で満たされた貯蔵室と貯蔵庫がある。

貯蔵室には豚肉、ヤギ肉、羊肉、鶏肉、牛乳、チーズ、そして蜂蜜がたっぷり蓄えられており、農園全体に豊かな雰囲気が満ち満ちている。

さらに自宅の菜園もあって、農夫はそれを「2本目のハム」と呼ぶ。鳥を捕まえたり狩りをしたりして過ごす余暇も楽しいものだ。

「自然とともに生きる喜び」は年を取るほどに増す

牧場の緑や整然とした並木、ブドウ畑やオリーブ園のすばらしい景観について、これ以上延々と語る必要はないだろうから手短に話そう。

よく手入れされた農園は何より重宝し、この上なく美しいものだ。

そんな**農園で過ごす喜びは、年を取ってもまったく支障がないどころか、実際には年を取るからこそ面白さがわかり、ますます楽しくなる。**

それもそのはずで、老人がぬくもりを見出すのに、日なたと炉端以上にちょうどいい場所がこの世のどこにある？　夏は夏で、流れる水や日陰のほかに、老人が健やかに体を冷やせる場所などどこにある？

武器は若者に持ってもらえばよい。馬も槍も剣も、球技も競泳も競走も任せてしまおう。わたしのような老人には、さいころとナックルボーン[73]があれば十分だ。それだってほしければ持っていってくれ。そんなものがなくても老人は幸せに生きられる。

クセノフォンの著作は話題も幅広くためになる情報が満載だから、1回と言わず、改めてじっくり読んでみるといい。

73）ナックルボーン（knucklebones）は、骨投げゲーム（日本のお手玉に近い）のこと。

不動産管理を扱った本のなかで彼がどれだけ農業を賛美していることか。

彼は著書のなかで[74]、ソクラテスとその友人クリトブロスの会話という形で、ある話を紹介している。

クセノフォンが**農業を何よりも王者にふさわしい娯楽**ととらえていたことがわかると思うので、その話を引用しよう。

小キュロスはペルシアの王子で、卓越した知性と統治の見事さで知られていた。その彼がサルディスにいるとき、スパルタのリュサンドロスの訪問を受けた。

この男もまた非常に徳の高い人物だ。彼は同盟国からの贈り物を持ってサルディスへやって来た[75]。

小キュロスは客人を歓迎し、丁重にもてなして、丹念に木が植えられた庭園へと案内した。

リュサンドロスは、碁盤の目状に並んだ立派な若木の木立や、清潔でよく耕された土、そして花の甘い香りがすばらしいと、王子に称賛の言葉を贈った。

スパルタからのこの客人はまた、費やされた労力も膨大であろうが、庭園全体のレイアウトが美しく独創的で大いに感心したと王子に伝えた。

「ここの設計は全部、わたしがしたのです」と小キュロスは言った。

「植物の並び方や配置を自分で考え、木も多くは自分の手で植えました」

小キュロスの紫のローブと彼自身のまばゆい美しさ、そして黄金やたくさんの宝石で飾られたペルシアふうの衣装をつくづく眺めてから、リュサンドロスははっきりと言った。

「キュロスさま、皆があなたを幸せな方だと申すのも当然ですね。運の強さもさることながら、高い徳もお持ちでいらっしゃる」

74)『家政論』第4章・20-25節。クセノフォンはプラトンと同じくソクラテスの弟子で、やはり何冊かの著作でソクラテスを語り手にしている。
75) 小キュロスはダレイオス2世の息子。紀元前401年に、兄との王位継承戦争において敗死した。この戦争にはクセノフォンが傭兵《ようへい》として参加している。リュサンドロス（?~紀元前395年）はスパルタの将軍。ペルシアの援助を受け、ペロポネソス戦争でアテナイと戦った。サルディスは、小アジア西部のリュディア王国にあったペルシア帝国の主要都市。

老人といえども、**何かを育てることの恩恵には誰もがあずかれる。**土を耕す作業は死ぬまで続けられるのだ。

たとえばウァレリウス・コルウィヌスは相当な年になるまで畑に出て、しかも100歳まで生きたという[76]。彼が初めて執政官に就任してから6期目をつとめるまでには、46年も経っている。

つまり昔ふうに言えば、人が成人してから老人になるまでの時間の長さだ。

そして晩年には、影響力は大きくなり責務は軽くなったのだから、それまでの人生に比べても幸せであった。

76）マルクス・ウァレリウス・コルウィヌスは、紀元前4世紀後半から前3世紀前半にかけて、ローマの執政官を6期つとめたといわれている。

老年の名誉

尊敬という「栄誉」は、よりよく生きてきた証

老人にとって何よりの栄光は、尊敬を受けることだ。

カエキリウス・メテルスもそうだが、アウルス・アティリウス・カラティヌスも大変な尊敬を集めた。[77] 彼の墓碑銘にはこう書いてある。

> 挙国一致し、この男を我が国第1の高潔の士と称える。

この墓碑銘は、全文が墓石に刻まれているから知っているね。

彼のすばらしさを国中が認めているということは、その影響力の大きさを物語っている。

最近であれば、大神官のプブリウス・クラッススと後任のマルクス・レピドゥス、この2人も大きな影響力を持っていた。[78] まったく大した男たちだったよ！

パウルスとアフリカヌスとマクシムスについては先ほども触れたので、改めて何か

言う必要はあるまい。

これらの男たちからは演説中に限らず、**軽くうなずくといった仕草にまで威厳があふれ出ていた。**

老後に、こうして国民的な栄誉に包まれ尊敬を集める満足感には、おそらく若いときの肉体的快楽を全部ひっくるめても到底かなわないだろう。

しかしどうか心に留めておいておくれ。

わたしがこの会話のなかで高く評価しているのは、あくまでも若いときにしっかりと土台を築いた上で迎える老境のことだ。

要するに、**口先だけで自分を守らなければならないようでは、老年は難儀なものとなる。**

77) 紀元前258年と前254年の執政官カラティヌスは、第1次ポエニ戦争の英雄であった。メテルスについては65ページ／脚注37参照。
78) マルクス・アエミリウス・レピドゥスは紀元前187年と前175年の執政官。クラッススについては61ページ／脚注34参照。

以前こう話したら、皆がその通りだと言ってくれたものだ。

皺や白髪が出てきたからといって、急に尊敬しろというわけにはいかない。

老人は、それまでの年月をよく生きてこそ、最後に**称賛という果実**を収穫できるのだよ。

年長者に向けられる「尊敬のしるし」とは

ようやく果実が熟したとき、**尊敬のしるし**は、初めのうちはさほど大げさなことではないか、まるで目立たない場合さえあるかもしれない。

朝の**訪問や面会の申し込みがある**、**人が道をあけてくれる**、**近づくと皆が起立する**、**広場への行き帰りに護衛がつく**、**助言を求められる**、といったことだ。

まともな国の民なら誰でもそうであるが、我々ローマ人は、このように折り目正しくふるまうものだ。

先ほど話に出たスパルタのリュサンドロスは、自分の故郷では、ほかのどの土地よりも人々が気遣いと敬意をもって老人たちに接するので、スパルタこそ老人が最も住みよい街であると言っていたらしい。

たとえばこんなエピソードがある。

アテナイで、ある老人が混雑した劇場へ芝居を観に行った。しかし地元の観客は誰1人として席を譲らない。

ところが、スパルタからの使節団に用意された来賓席のほうへ老人が近づくと、どの使節も立ち上がって、お座りくださいと申し出たという。

この行動を見て、客席全体から温かい拍手が沸きあがった。

するとスパルタ人の1人が思わずこう言った。

「ここにいるアテナイの皆さんは、何がよい行動かわかってはいても実行には移さないのですね」

我が国の鳥卜官会議には優れた習慣が色々とある。

今のこの話題に関連したところで言うと、会議の出席者のうち、年齢の高い者から順に発言権を与えられるという伝統はすばらしい。

これは公職の序列よりも、さらには最高の役職にある者よりも優先される。

影響力を持つことで得られるこのような褒賞には、肉体的快楽などというものは遠くおよばないだろう?

こうした褒賞を善用できる人というのは、人生というドラマの終わりまで自分の役を見事に演じ切った役者のようなもので、出番の最後でへまをする無能な役者とは違うのだとわたしには思われる。

「老いに伴う悩み」は知恵によって軽減できる

そうはいっても、老人は不機嫌で心配性で、怒りっぽく、意固地だと言う人もいるだろう。

間近で見てみれば、確かにけちな老人もいる。

だがこれは性格のせいであって年齢のせいではない。

それに不機嫌や今挙げたような短所に関しては、おそらくあまり感心できるものではないだろうが、老人のほうにももっともな言い分がある。

要するに年寄りは、自分が無視され、軽蔑され、馬鹿にされているように思ってしまうのだ。

また、脆弱《ぜいじゃく》な体には些細《ささい》なことがこたえるものでもある。

しかし、**老人のこうした悩みは、当人に品性と知恵があれば軽くなるものばかりなのだ。**

これはまわりの老人を見ていてもそうだが、テレンティウスの喜劇『兄弟』[79]を見てもわかる。2人の老人がいて、1人は極めて温厚、もう1人はひどく不愛想なのだ。実際のところ、人の性格というのはワインと同じで、年を取ったからといって必ずしも酸味が増すものではない。

確かに厳格なのは老人らしいとも言えようが、**何ごとも程度の問題**である。気難しさというのは、けっして美徳ではないのだ。

また、老人の欲深さについては、いったい何が目的なのか理解に苦しむ。

79）紀元前2世紀のローマの劇作家による舞台作品。

何が馬鹿げているといって、旅を終えようとしているときに荷物を増やすなど、そんな馬鹿げたことがあるものだろうか?

死は恐れるべきものではない

第4巻

「老い」が悲観視される4つの理由

――その4　死期の迫りを意味する

「いつ死ぬか」は誰にもわからない

さあいよいよ、年を取りたくない第4の理由について考察しなければならない。

とりわけこれが、わたしの年代にある者の心痛と苦悩の種であると一般に考えられているらしい。

では、「**迫りくる死**」について話をしよう。

確かに人間は年を取れば遠からず死ぬ。それは疑いようのないことだ。

長い人生の道のりのなかで、死は恐れるべきものではないという事実を学ばずにきてしまった人間はまったくもって哀れである。

というのも、死が人間の魂を完全に破壊するなら、その場合には死んだところで本人にとってはなんでもない。

そうでなければ、死ぬことによって魂は不滅となる場所へと運ばれていくのだから、その場合、死は好ましいものとなるのだ。このどちらかでしかあり得ない。

死後は、「不幸でない」か幸福かのどちらかであるのに、何を恐れることがあるだろう？

それに、**若者であっても、その日の夜まで生きていると絶対の自信を持って言い切れるような愚か者がいるだろうか？**

若者は老人よりも、不慮の死を遂げる可能性が格段に高い。病気にもかかりやすいし、ひとたび病にかかれば重症化しやすく、治りにくい。だから老人になるまで生きられる若者が非常に少ないのだ。若くして死ぬ者がここまで多くなければ、世の人々は全体的にもっと思慮深く、堅実であったはずだ。

理性と的確な判断力は、老人に見受けられるものだからだ。

もし老人が１人もいなかったら、この世に国家というものが誕生することはなかっただろう。

ともあれ、間近に迫る死の話に戻ろう。

死は若者にとってもけっして珍しいものではないとわかっているのに、どうして高齢者のほうが非難の的になるのかね？

このことはわたし自身、最愛の息子を失ったことで痛切に感じた。

君もそうだろう、スキピオ。将来を約束されていた弟が２人、若くして亡くなったのだ。

けれども君はこう反論するかもしれない。

若者は末永く生きるという望みを持てるが、老人には無理ではないかと。

だが、その言い分は賢明とは言えない。

なぜなら、**不確実なことを確実と思い込み、偽物を本物と信じるほど愚かなことはない**からだ。

あるいは、老人にはほしいものなど何もないだろう、と言うかもしれない。

そうではなく実際には、老人は若者が持っていないものを持っている。

若いときに切望した長寿というものを、老人はすでに手にしているのだ。

生きるために確実に与えられている時間は「現在《いま》」だけ

そうはいっても、ああ神々よ、この人間の世界で長続きするものなど何があるというのだろう？

可能な限り長く生きられると想定してみよう。

そうすれば、書物で読んだ、タルテッソスのあの王の年まで生きたいと願うこともできる。

80年間王位にとどまり120歳まで生きたという、ガデスの地にいたアルガントニオスと呼ばれるあの王だ。[80]

だがわたしには、終わりがあるものにとって時間の長さに意味があるとは思えない。終わりがくれば、それまでの経過はすべて無に帰してしまうからだ。

そのとき残っているのは、生きているあいだにおこなった善良で価値のある行為だけである。

1時間、1日、1か月、1年と、時は流れるように去っていくが、**過去は二度と戻らず、未来は知りようがない。**

いついかなるときも、生きるために与えられた現在という時間に不満を持つべきではないのだ。

役者は芝居の始まりから終わりまで、ずっと舞台に立ち続ける必要はない。出るべき幕に登場すればそれでよいのだ。

同様に賢人は、最後に観客の拍手喝采を浴びるまでこの世の舞台にとどまる必要はない。

人生に割り当てられた時間は短いかもしれないが、それでも誠実に、恥ずかしくない生き方をすることは十分できる。

たまたま生き永らえたなら、そのときは何も憂える理由はないのだ。

心地よい春が過ぎ、夏、そして秋がきたからといって、農夫が嘆いたりしないのと同じこと。

春は実りを心待ちにする若き日に似ている。その後の年月は収穫と貯蔵の季節だ。

80) ガデス（現在はカディス）は、スペイン南西部の王国タルテッソスにあった。この話はヘロドトス著『歴史』第1巻163節に見られる。

生に「執着」しても「自棄《やけ》」になってもいけない

である。

すでに話した通り、**老年ならではの実りとは、それまでの人生の豊かな恵みの記憶である。**

何事も、自然と調和しているならよきものと考えるべきだ。

生命の自然な営みのなかで老人が死ぬというのは、これ以上ないほど真っ当なことではあるまいか？

若者が死ぬときには自然は強い抵抗を示し、運命に抗おうとするものだ。若者の死のイメージとしては、大量の水で消される火が思い浮かぶ。

しかし老人が死ぬときは徐々に消えてゆく炎のようなもので、燃料がなくなれば、後は何もしなくてもチラチラと揺れてひとりでに消えるのだ。

リンゴだって青いうちは木からもぎ取るのが大変だが、熟して時期が来れば勝手に地面に落ちる。

つまり、**死が若者を襲うときは力ずくだが、老人のところへ来るときは、それが最**

良の時機ということだ。

そう考えるとわたしは大いに気が休まる。

そして死が近づくほどに、まるで自分が旅人で、長い航海の果てについに祖国の港が見えてきたような、そんな思いをますます強くする。

とはいえ老年というものに決まった期間はない。

職務や責任を果たせる限りは、死など眼中に置かず生き続ければよいのだ。かくして老人といえども、若者以上に元気かつ大胆に生きられる。

そう考えると、ソロンが僭主《せんしゅ》ペイシストラトスにあのような言葉を返せたのもうなずける。[81]

あなたはいったい何を頼みに、それほど頑《かたく》なにわたしに盾突くのかと王に聞かれて、ソロンはただひと言「老齢だ」と答えたのだ。

81）ペイシストラトスは、紀元前6世紀半ばのアテナイの僭主。ソロンについては58ページ／脚注32参照。

人生の最良の終わりは、明晰な精神と健やかな体を保ちながら、自然が、自らが生み出した作品を解体するタイミングでやって来る。

船や家を分解するのに最も適任なのは、それを組み立てた本人だ。

それと同じで、**人間は極めて精巧な自然の創造物なのだから、その最後は自然の手にゆだねるのが一番よい**のだ。

新しい建物は取り壊すのが大変だが、古い家なら造作もない。

そういうわけで**老人は、心残りがなんであれ生に執着するべきではないし、また、さしたる理由もなく生を放棄するべきでもない。**

ピタゴラスが言うように、我々は司令官である神が命令を下されるまで、自分の持ち場を放棄してはいけない。[82]

賢人ソロンは、自分が死んだら、友人たちには悲しみ嘆いてほしいと詩に書いた。きっと、自分が友人たちからどれだけ大切にされているかを示したかったのに違いない。

しかし、エンニウス[83]の考え方のほうがうわてだとわたしは思う。

わたしは、自分のために誰にも泣いてほしくないし、
自分の葬式に哀悼もいらない。

死後には永遠の命が待っているのだから、人が死んだからといって悲しむのが当たり前だとは彼は考えないのだ。

「死」を過度に恐れず、「生」を全《まっと》うせよ

もっとも、いざ死に臨むそのときには、何かしら不快な感覚を味わうかもしれない。それはそうなのだが、特に老人にとってはほんの一瞬のことだ。

そして**死後に体験するのは、快いものか、完全なる無のどちらか**である。

このことは死を怖がらないためにも、若いころから心に留めておいたほうがよい。

82）キケロはここで、ラテン語の単数形deus（「唯一神」「一柱の男神」）という言葉を、最高位の存在として使っている。
83）21ページ／脚注1参照。

この信念なくして精神の平安はあり得ないからだ。**死から逃れようのないことはわかっている。実際、今日この日に死が訪れるかもしれないのだ。**

いついかなるときも死の脅威は迫っているわけだから、死を恐れていてどうして揺るぎない精神を持ち得るだろうか？

この点はくどくどと例を挙げて説明する必要はなかろう。

祖国に自由をもたらして殺された、ルキウス・ブルトゥスを思えば十分だ。[84]

もしくはデキウス父子。2人とも望んで、全力で死に向かっていった。[85]

またはマルクス・アティリウス。彼は、敵との誓約を守って敵陣へ拷問されに戻った男だ。[86]

あるいは2人のスキピオ。彼らは自らの身命をなげうって、カルタゴ人の前進を食い止めた。[87]

それにスキピオよ、君のお祖父さまのルキウス・パウルスだが、カンネーの戦いで不名誉な大敗北を喫した際、仲間の暴挙を償う形で自らが犠牲となった。[88]またはマルクス・マルケルス。彼は無慈悲な敵からさえも丁重な弔いを受けた。[89]

それに我が国の軍団を見てみるといい。

ローマの歴史について書いたわたしの本にも載っているが、彼らは歓声を上げ、熱気をみなぎらせて、生きて帰る望みのない戦場へとたびたび進軍したのだ。

粗野で無学な若い兵士たちでさえ死などものともしないというのに、ましてや賢明な老人が、死を恐れてよいものだろうか？

84）ルキウス・ユニウス・ブルトゥスは、エトルリア人と結託したローマの王を打倒した後、紀元前509年にローマの初代執政官の1人となった。彼は、王政復活を目論《もくろ》むエトルリア軍との戦闘中に命を落とした。

85）プブリウス・デキウス・ムスという同名の親子。父親は紀元前340年の執政官で、ローマ軍と敵との戦闘中、あえて自分の身を犠牲にした。息子も紀元前295年に父と同様の行動を取った。

86）マルクス・アティリウス・レグルス（紀元前267年と前256年の執政官）はカルタゴ軍に捕らえられ、戻ってきて死ぬまで拷問されることを敵と約束してから、交渉のためにローマへ向かったと伝わっている。

87）グナエウス・コルネリウス・スキピオ・カルウスとプブリウス・コルネリウス・スキピオ。

88）ルキウス・アエミリウス・パウルスは紀元前216年のカンネーの戦いでハンニバルの軍に包囲され、5万人ともいわれるローマ軍兵士とともに戦死した。

89）マルクス・クラウディウス・マルケルスは執政官を5回つとめ、ハンニバルとの戦闘中に殺された（紀元前208年）高名な将軍。ハンニバルは彼の栄誉を称えて葬儀を執りおこない、その灰を彼の息子に戻したと後に伝えられた。

自分が携わるあらゆる物事を存分に味わったら、もう十分に生きたと言えるのではないかとわたしには思われる。

幼いころに好きだったことでも、大きくなれば興味を失くしてしまう。

若いときにはそのときなりの楽しみがあるが、中年になればそれらをふたたび欲することはない。

中年にはまた中年なりの喜びがあるが、老人になってもそれを追い求めるわけではない。

前の年代には喜びだったことが喜びでなくなり、それを手放す。

このことは、老年期の喜びについても同じなのだ。そうなれば、もう生を全うし、死ぬときがきたということだ。

人の「生得的な能力」は不滅

では、わたしが死についてどう考えているかを話したいと思う。

死に近づけば近づくほど、より深く死を理解するようになったと感じるからだ。

スキピオ、そしてラエリウス。君たちの父上は、2人とも健在で輝かしい経歴を持ちわたしの大切な友人だが、まさに人生の名に恥じない人生を実際に生きている。

この現世という枠のなかにとらわれているあいだは、人間は運命によって課せられた辛苦の多い仕事をこなしていくわけだ。

しかし実のところ、**魂というのは天上界から下される神聖なものであり、神々しく永遠なる本質を持ち、天上からあふれて地上へ降りてきたものだ。**

思うに、不死の神々が人間の肉体に魂を吹き込んだのは、この世界を大切にし、神の秩序についてよく考え、それに倣って自分たちの節度と規律を守るようにさせたかったためではなかろうか。

こう信じるに至ったのは、自分の頭のなかだけで推考し結論したわけではなく、極めて気高く信頼に足る思想家たちの導きがあったからだ。

たとえばこんな話をよく聞いた。

ピタゴラスと彼の弟子たち――「イタリアの哲学者たち」と呼ばれていたから、[90]我々の同国人と考えてよいと思う――は、**人間の魂の源は宇宙に遍在する神聖なる知性**だと信じて疑わなかったそうだ。

アポロ神の託宣で最高の賢人と告げられたあのソクラテスも、亡くなるその日に魂の不死について語ったという。

もうこのくらいでよかろう。

何しろ**人間は瞬時に動き、目を見張るような記憶力と先を読む見識、驚くべき芸術的・科学的才能、おまけに新しいものを発見する能力を持っている**のだ。

わたしは、そうした人間の魂が持つ本質的な力が死ぬ運命にあるはずがないと確信している。

しかも人間の魂は、自らが活動の源となって動き続けているのだから、この運動に終わりはあり得ず、どこかへ行ってしまうこともない。

それに魂は単一の物質でできており、混じり気がないので、分割することができず、したがって消滅することもない。

もう1つの有力な根拠は、**我々の知識の多くは生まれる前から存在している**というものだ。

これは、子供たちが、単純とは言えない事柄（言葉を話すなど）を素早く学習していく様子が、まるで初めて習ったのではなく、すでに知っていてそれを思い出しているように見えることからもわかる。

プラトンはそのように考えたのだった。[91]

「魂の神聖な姿を見よ」――キュロス大王の言葉

クセノフォンの著書には、死の床にあるキュロス大王が次のように言ったとある。[92]

「愛する息子たちよ、わたしがおまえたちの元を離れても、わたしが存在しなくなっ

90）ピタゴラスはギリシアのサモス島から南イタリアのクロトンに移住した。
91）『パイドン』72-73節。この事実は、言語学者のノーム・チョムスキーが著書のなかで「プラトンの問題」として取り上げ、言語学で解明すべき問題の1つとしている。
92）『キュロスの教育』第8巻7章。

たとは考えないように。

一緒にいるときだってわたしの魂は見たことがないだろう。しかし体内に魂が宿っていることは、わたしの行いを見ればわかったはずだ。

それゆえ、**何も見えないからといって、信じることをやめてはならない**」

「もし魂の一部が残された人々のなかで生き続け、故人の思い出を守るのでなければ、名高い男の栄光がその死後まで続くことはないだろう。

人間の内部にある魂が、肉体を離れると同時に滅んでしまうという考えにはけっして与《くみ》するまい。

それに、ものを考える力を失った亡骸《なきがら》から旅立つときに、魂までもが考える能力を失くしているとはとても思えない。

逆に、**体の束縛から解放されて初めて、魂は純粋で汚れなき、真の知恵となれるのだから。**

肉体が死んで朽ち果てると、体を構成していたすべての要素が源へ還《かえ》ってゆくのがわかる。

魂だけが不変で、肉体が生きているときも消滅した後も、目に見えないのだ」

「人が眠っているときは、最も死に近い状態にある。

しかし魂がその神聖な姿を最もはっきりとあらわすのは、眠っているあいだなのである。

体が眠りにつき、魂が自由で何物にもとらわれていないときこそ鮮明に、未来を垣間見ることができるのだ。

これは、魂が肉体から解き放たれたときには何ができるのか、ということを示している」

「もしわたしの言ったことが本当なら、死後、神を敬うようにしてわたしを大切に心に抱くがよい。

だがわたしが間違っていて、**この魂が肉体とともに滅びてしまうとしても、おまえたちはこの美しい世界を統《す》べる慈悲深い神々を崇《あが》める者となり、せめて忠実に、神聖なものとしてわたしを追悼してほしい**」

以上が、死の床でキュロス大王が語った言葉だ。次にわたしの考えを話そう。

「命の終わり」は「偉業の終わり」ではない

スキピオ、わたしはね、君の父君のパウルス、それに2人の祖父パウルスとアフリカヌス、さらにアフリカヌスの父や伯父、そのほか名前を挙げればきりがない大勢の人々。

そうした誉れ高い男たちが、自分には未来があると信じてもいないのに、後世の記憶に残るあれほどの偉大な業を試みたなどとは、誰になんと言われようがわたしは納得しないだろう。

そして、老人の常として少々自慢になってしまうのだが、わたしは国政でも、国外の戦争でも昼夜の別なく奮闘してきた。

もしこの世での命が尽きるときに自分の名声もまた消え去るのだと考えたなら、これほど必死になったと思うかね？

そんなことなら身を粉《こ》にして働いたり敵と争ったりせず、静かで平穏な人生を送っていたほうがずっとよかっただろう。

しかしどういうわけかわたしの魂は自らを奮い立たせ、いつでも未来を見据えて、真の人生は死後に始まることを承知していた。

もしも魂が不滅でないのなら、我が国屈指の男たちは、なんのために栄光を求めてあれほど努力するのだろうか？

それに、賢明な人ほどごく穏やかに死を迎え、愚か者ほど大層辛い思いをして死んでいくのはいったいなぜなのか？

賢人の魂は、するどく澄んだ目で先を見渡して、よりよい世界へ旅立とうとしている自覚があるのに対し、**曇った目しか持たない愚かな魂は、自分がどこへ行こうとしているかを知り得ない**からではないのか？

「死出の旅路」へ向かう心構え

本当のことを言うとだね、スキピオ、ラエリウス。君たちの父上に向こうでぜひとも再会したい、そう思うと浮かれてしまうのだよ。

わたしは2人のことを心から敬愛しているのだ。

そのほかの知人や、会ったことがなくても噂に聞いたり何かで読んだり、書き物の題材にした多くの人々、彼らにもぜひ会いたい。

いったん死出の旅路についたら、もう誰もわたしを引きずって連れ戻したり、ペリアスのように煮て生き返らせようとしたりはしないだろう。[93]

これは本気で思うのだが、もし神々のどなたかがわたしを憐《あわ》れんでくださり、今までの人生を御破算にして、もう一度ゆりかごで泣いているところから始めてよいとおっしゃっても、わたしはきっぱりお断りするだろうね。

人生というレースをもうほとんど走り終えているのだから、スタートラインに呼び戻されたいなどと、いったいどうして思ったりするだろうか？

だってそうだろう、この世で生き続けて何かよいことがあるだろうか？　というよりも、生きていて困難にぶつからないで済むなどということがはたしてあるだろうか？

もちろん、人生にはよいこともあるが、それでもやはり、もう十分だと思うときは必ずくるのだ。

いや、人生を虚無主義的《ニヒリスティック》に見る輩《やから》は多いが、わたしをその手合いだとは思わないでくれ。

生きてきたことに後悔はないし、何か目的があって自分はこの世に生まれてきたのだと思いたい。

そして、家ではなく宿屋を出るように人生から旅立って行くのだ。

自然が人間に肉体を与えるのは客人としてほんのいっときとどまるためであって、住処《すみか》にするためではない。

93）ギリシア神話に登場する魔女メデイアは、ペリアスの遺体を切り刻んで大鍋で煮れば生き返らせることができるのだと主張した。

人生から旅立って神聖なる魂の集会に加わり、苦痛と汚濁に満ちたこの世界を去るときは、どんなにすばらしい日となることだろう。

わたしはこの世を旅立って、先ほど名前を挙げた人たちだけではなく、我が息子にも会えるのだ。この世にはもういない最愛の息子に。

あの子が亡くなったとき、火葬したのはこのわたしだ。あの子がわたしの遺体を焼くのが道理であったろうに。

しかし、あの子の魂はすっかり消えてなくなったのではない。

自分のいる場所へわたしが後から来るのを知りつつ、いつでも振り返って見ながらわたしを待っているのだ。

人々はわたしが息子の死に気丈に耐えたと思っているが、それは違う。

わたしはひどい痛みを感じながらも、この別離は永遠ではないと考えて自分を慰めてきたのだ。

「人生という舞台の幕引き」を穏やかに迎えるために

スキピオ、君はこの話を始めるとき、わたしにとって老年はそれほど負担ではないように見える、それで君とラエリウスは驚いているのだと言ったね。

そこでわたしは君たちに、**老いを重荷にしないで済む方法**、さらには**楽しみにさえ転じる方法**を話した。

魂の不滅を信じるわたしの考えが間違っているとしても、わたしはその信念を貫きたいと思う。

間違ったままでかまわない。わたしは一生涯この信念を持ち続けたいと思っているし、この信念のおかげで幸福でいられるのだ。

万が一、どこぞの狭量な哲学者たちの言うように、死後に一切何も感じないのだとしたらどうだろう。

そのときは少なくとも、死んだ後も連中がそこにいて、わたしをあざ笑うかもしれないなどと心配しなくて済むわけだ！

我々の魂が不滅ではないとしても、それでもやはり、時がきたら死ぬ定めにあるのはよいことだ。

万物に境界があるように、人間の命にも自然は限界を設けたのだから。


老年は人生という舞台の最後の一幕である。

十分に生きて疲れたら、そのときが幕引きだ。


若き友たちよ、老年についてのわたしの考えは以上だ。

君たちが2人とも長生きして、老年というものを自分自身で理解してくれることを願っている。

そしてわたしの言ったことが本当だと、身をもって証明してくれたまえ。


（了）

訳者あとがき

――竹村奈央

本書の翻訳作業を終えてからこの「あとがき」に取りかかるまでの約1年の間に、わたしは47歳になった。

同年代以降の多くの方々には共感してもらえると思うのだが、今まさに「老いの入り口に立っている」気がしている。

老いについて思うところは山ほどあるので、この原稿は、それほど苦労せずに書けるだろうと考えていた。

ところがいざ書き始めてみると、パソコンを前にボンヤリとしてしまい、なかなか文章が進まない。

なぜだろうかと考えてみて「あぁそうか」とその理由に思い当たった。この1年で「あって当たり前」と思っていた将来というものの現実感が、薄れてしまったのだ。

キケロが生きた紀元前1世紀のローマでは、人が老人になれる確率は今よりずっと低かった。子供の半数近くが5歳までに亡くなり、60歳以上の人口は全体の5〜7%程度だったらしい。

毎年のように各種の感染症が猛威を振るい、国内外は慢性的に戦争状態だった。医療に携わっていたのは主に身分の低い奴隷や解放奴隷で、その重要性はあまり認識されていなかった。当時「老人になれる」ことは、僥倖《ぎょうこう》だったのである。


キケロは43歳で執政官に就任し、ローマ政界の頂点に立った。共和政の復興に力を尽くしたものの時代の流れには逆らえず、その後の政治家人生は苦悩に満ちたものとなった。私生活では61歳のときに最愛の娘を亡くしている。その翌年には、すさまじい量の執筆と、権力者マルクス・アントニウスへの命知らずともいえる苛烈な弾劾をおこなっている。

このときのキケロは、本書でカトーが亡き息子を偲《しの》んで語っているように、書きたいことを書き終え、本当にあの世で娘と再会することが唯一の望みだったのではないかと思えてくる。

そして翌年、キケロは63歳でアントニウスの放った刺客によって殺されてしまう。

このとき彼は暗殺者たちに向かって「わたしの首を刎《は》ねるなら、正しい作法に則ってやりなさい」と告げたという。

伝統を重んじ、最後の最後までそれを人に説かずにはいられない、いかにもキケロらしい逸話のような気がする。

幸い現代の日本では、人が老人になれる確率は非常に高いが、本当は、自分が明日を迎えられるかどうかは誰にもわからない。

この点は、昔のローマでも今の日本でも変わっていない。

そのことを忘れずに毎日を大切に生きれば、その積み重ねが、よい老年につながるのではないだろうか。

将来というものが「あって当たり前」ではないと実感した「コロナの年」を経て、はからずも、私たちにはキケロの言葉をより深く味わい、実践する土台ができたのかもしれない。

この大変な時期をともに経験した、さまざまな年代の「老人予備軍」の皆さん、そして老年真っただなかの皆さんに、キケロの言葉が届くことを願っている。

本書はキケロの『老年について（De Senectute）』、わかりやすい英語を用いて再編集・翻訳した『How To Grow Old: Ancient Wisdom for the Second Half of Life』を日本語に訳したものである。

プリンストン大学出版局（Princeton University Press）より「Ancient Wisdom for Modern Readers（哲人に学ぶ人類の知恵）」シリーズの1冊として刊行された。

著者

キケロ（Cicero）

マルクス・トゥッリウス・キケロ（Marcus Tullius Cicero）。紀元前106年～紀元前43年。古代ローマの政治家・哲学者・文筆家。ローマ帝国の南に位置する街アルピーノで騎士階級の家に生まれる。シチリア属州判事時代に政治の腐敗を雄弁かつ鋭く指摘、その後、数々の官職を経験し、紀元前63年に執政官（コンスル）に選ばれる。カエサルの後継者マルクス・アントニウスと反目したことで、アントニウス側の手によって命を落とす。ギリシア哲学を学び、ヘロドトスを「歴史の父」としてローマに紹介したことでも知られる。

存命中はその卓越した文才を生かし、『国家論』をはじめ、政治や倫理、宗教、友情など幅広いテーマで著作を記した。本書はそれらのなかでも「老い」とは何か、年を重ねることを楽しむための教訓、人生そのものへの向き合い方について説いた作品『老年について（De Senectute）』をもととしている。

編者

フィリップ・フリーマン（Philip Freeman）

人文学教授。ペパーダイン大学でフレッチャー・ジョーンズ西洋文化講座（西洋文化の各分野の博士号取得者が集まるプロジェクト）を主宰する。本書のシリーズにて編者、翻訳者をつとめるほか、『Searching for Sappho』（Norton）、『Oh My Gods: A Modern Retelling of Greek and Roman Myths』（Simon & Schuster）など著書多数。カリフォルニア、マリブ在住。

訳者

竹村奈央（たけむら・なお）

1973年、茨城県生まれ。同志社大学文学部卒業。アルバイト先の閉店を機に40代で英語をやり直し、現在は出版翻訳に携わる。共訳書に『死ぬまでに観ておきたい 世界の写真 1001』（実業之日本社）、『世界のラン大図鑑』（三省堂）がある。

2000年前からローマの哲人は知っていた
幸せに年を重ねる方法

2021年3月16日　第1刷発行

著　者	キケロ
編　者	フィリップ・フリーマン
訳　者	竹村奈央
装　丁	重原隆
本文フォーマット	高橋明香(おかっぱ製作所)
本文DTP	株式会社デジカル
校　正	株式会社ぷれす
翻訳協力	株式会社アメリア・ネットワーク
編　集	関美菜子＋平沢拓(文響社)
編集協力	川月現大(風工舎)
カバー写真	©アフロ
発行者	山本周嗣
発行所	株式会社文響社
	〒105-0001
	東京都港区虎ノ門2-2-5 共同通信会館9F
	ホームページ　https://bunkyosha.com
	お問い合わせ　info@bunkyosha.com
印刷・製本	中央精版印刷株式会社

ISBN 978-4-86651-358-4

この本に関するご意見・ご感想をお寄せいただく場合は、
郵送またはメール（info@bunkyosha.com）にてお送りください。